Guía completa del Cane Corso

Vanessa Richie

Datos de Publicación

Vanessa Richie

Guía completa del Cane Corso ---- Primera edición.

Resumen: «Criar con éxito un perro Cane Corso desde cachorro hasta la vejez» --- Proporcionado por el editor.

ISBN: 979-8-89818-010-2

[1.Cane Corso Dogs --- No Ficción] I. Título.

Este libro ha sido escrito con la intención de proporcionar información precisa y autorizada con respecto al tema incluido. Si bien se han tomado todas las precauciones razonables en la preparación de este libro, el autor y el editor rechazan expresamente cualquier responsabilidad por errores, omisiones o efectos adversos derivados del uso o aplicación de la información contenida en su interior. Las técnicas y sugerencias deben utilizarse a discreción del lector y no deben considerarse un sustituto de la atención veterinaria profesional. Si sospechas que tu perro tiene un problema médico, consulta a tu veterinario.

Diseño por Sorin Rădulescu

Primera edición en español, 2025

ÍNDICE

INTRODUCCIÓN

El Cane Corso es una raza de perro intimidante. Es mejor conocido como el Mastín Italiano, lo que lo describe acertadamente por su apariencia. Es un can de gran tamaño que ama profundamente a las personas forman parte de su hogar. Pero lo que lo hace único entre los mastines es no disfruta solo de quedarse descansando sin hacer nada: necesita la actividad. Reconocido como una de las mejores razas protectoras, el Cane Corso posee un nivel de energía que rivaliza con el de otras razas guardianas, y no tanto con el de otros mastines. Además, es más liviano que muchos de ellos, alcanzando un máximo de 50 kg en lugar de los 90 kg.

A pesar de su capacidad para proteger, el Cane Corso es un perro muy apegado a su familia. Tiende a seguir a sus humanos a todas partes, como si fuera un perro faldero, y querrá estar a tu lado (o descansando sobre ti) tanto como pueda. Sin embargo, debido a su tamaño, no es buena idea fomentar ese comportamiento porque no será cómodo para ti. Aun así, hay muchas otras formas de disfrutar el tiempo juntos. Son juguetones y cariñosos, lo que los convierte en excelentes compañeros de ejercicio o senderismo, de entrenamiento o de juego. Ya sea explorando el jardín, subiendo un sendero, o participando en una clase, tu Cane Corso se sentirá mucho mejor, sin importar lo difícil que haya sido su día. Una vez que lo tengas en tu hogar, puede ser difícil vivir sin él.

Dada su naturaleza protectora, la socialización es esencial en esta raza para evitar comportamientos agresivos. Necesitan tutores que sepan ser firmes y constantes. Su personalidad inteligente y testaruda puede ser un desafío, y por eso no siempre es la mejor opción para familias sin experiencia o con niños pequeños. También pueden presentar dificultades en hogares con gatos y animales pequeños, ya que conservan un fuerte instinto de caza.

Aunque quieren estar contigo todo el tiempo, es posible que tu Cane Corso no sea muy expresivo con extraños. Para la mayoría, lo ideal es convivir de cerca solo con su familia. Asegúrate de socializar bien a tu cachorro y mantener límites claros desde el principio: esto puede evitar muchos problemas en el futuro y asegurar que puedan disfrutar juntos por muchos años.

CAPÍTULO 1.
La historia del Cane Corso

El Cane Corso es similar a muchos otros perros guardianes notables de occidente; la raza tiene raíces que se remontan a la época de los romanos. Con el tiempo, se volvieron menos comunes hasta el punto de casi extinguirse. El entusiasmo y la dedicación de los dueños del Cane Corso resultaron en un fuerte regreso de la raza. Hoy en día están ganando popularidad, particularmente como un guardián de gran tamaño que puede ser una excelente incorporación a la familia.

La historia antigua Y misteriosa de las razas molosoides

Las razas molosoides forman parte de una antigua línea de perros que hoy se conoce comúnmente como mastines. Aunque el término *Mastiff* se refiere a una raza específica de mastín (el Mastín Inglés), existen distintos tipos de perros de esta familia. Lo que todos tienen en común es que descienden de una raza originaria de Grecia. Algunos versiones señalan que el primer molosoide provino del Rey Moloso, quien habría sido nieto del legendario Aquiles. Su pueblo era conocido por criar perros fuertes, protectores y valientes, usados tanto en la guerra como para cuidar el hogar. Se cree que tanto los mastines como otras razas tipo bully descienden de estos perros míticos. La ferocidad y lealtad de la legendaria raza molosa todavía se perciben en muchas de estas razas hoy en día.

Más allá de la leyenda, existe una gran cantidad de información histórica sobre los molosoides, que se remonta al año 1121 a.C. En ese entonces, se decía que los griegos ofrecieron un molosoide como obsequio al emperador chino. Con el tiempo, esta raza se comercializó y se expandió por todo el mundo: África, Asia y Europa. A medida que su distribución aumentaba, también lo hacía su reconocimiento y adaptación a distintas culturas.

También fueron muy populares en Babilonia durante el siglo IV a.C., y su imagen aparece en las representaciones de la antigua terracota. Aristóteles los mencionó en sus escritos, y se sabe que cazaban junto a los antiguos asirios. A menudo, estos perros se utilizaban para ayudar a los soldados en la guerra.

Las numerosas representaciones de la época muestran un perro de gran tamaño, musculoso y con una apariencia que aún hoy sería imponente. En estas figuras, es posible rastrear el origen tanto de los mastines actuales como de las razas *bully*, que han evolucionado a lo largo de los milenios.

Cane Corso – Un molosoide más esbelto y enérgico

«Los Cane Corso son muy similares a otras razas molosoides y tipo bully. Creo que lo que los distingue es que uno obtiene un mastín sin perder la agilidad. Pueden correr, nadar, saltar y mucho más».

Christy Tripp
Tripp's Cane Corsi

El Cane Corso es uno de los muchos descendientes del mítico Molosoide, y ha conservado muchos de los rasgos físicos que aparecen en las

Foto cortesía de
Jenny Williams

antiguas representaciones. A diferencia de otros, el Cane Corso es mucho más esbelto, aunque aún conserva una musculatura marcada en comparación con sus antepasados. Esta evolución no fue repentina: tomó más de dos mil años. Mientras en otras regiones del mundo se desarrollaban diferentes variantes de mastines y razas *bully*, el Cane Corso seguía evolucionando en Roma.

Perros romanos de guerra

Los romanos parecen haber adquirido sus molosoides de incursiones en Grecia. Nombraron a sus perros Canis Pugnax, que se traduce como «versión ligera», lo cual muestra que en algún momento comenzaron a criar molosoides específicamente, dando origen a lo que más tarde sería el Cane Corso. Al principio, usaban estos perros en la guerra como tropas auxiliares. Más adelante, surgió una segunda línea de mastines, como el Mastín Napolitano, que comenzó a criarse en esa época. Aunque compartían el aspecto robusto del molosoide, se utilizaban más como perros de carga pe-

*Foto cortesía de
Adrianne Collins*

sada en combate. Con el tiempo, los romanos comenzaron a distinguir esta nueva línea más ligera, que hoy conocemos como Cane Corso, cuyo nombre puede traducirse como «perro protector».

De perros de guerra a perros de trabajo

Tras la caída de Roma, los molosoides y sus muchas razas descendientes comenzaron a emplearse en tareas más allá del campo de batalla. Las tribus germánicas, que tomaron el control de gran parte de Europa occidental, comenzaron a asignarles nuevas funciones a estos perros, que ya habían demostrado ser hábiles en combate. Mientras viajeros y comerciantes necesitaban protección, la mayoría de estos perros resultaron más aptos para la caza de animales grandes. En lugar de acompañar ejércitos, con el tiempo esta raza se convirtió en aliada de agricultores y terratenientes, gracias a su inteligencia y lealtad.

Mientras los molosoides se cruzaban con otras razas alrededor del mundo, las dos líneas que permanecieron en Italia pronto se volvieron habituales dentro de las familias locales. A diferencia del Mastín Napolitano, el Cane Corso continuó siendo activo, acompañando a cazadores y cuidando del ganado. Esto le permitió conservar gran parte de la resistencia y energía de los perros que alguna vez lucharon junto a los romanos. Con el tiempo, se volvieron esenciales para las personas en Italia, pero fuera del país eran prácticamente. Tras los eventos que devastaron Italia durante la Segunda Guerra Mundial, gran parte del patrimonio cultural italiano, incluida esta entrañable y protectora raza canina, estuvo al borde de desaparecer.

Rescatados de la extinción

Durante las décadas de 1930 y 1940, la vida en Europa estuvo marcada por conflictos y prioridades más urgentes, por lo que se prestó muy poca atención al arte, la historia y la cultura. Muchos aspectos culturales fueron olvidados, lo que afectó de manera negativa al Cane Corso, una raza que prácticamente no existían fuera de Italia.

Unas décadas más tarde, el Cane Corso estuvo al límite de la extinción. Solo se mantenía vivo en los recuerdos de algunos italianos, lo que evitó que pasara a ser otra de las tantas pérdidas causadas por la guerra. Un pequeño grupo de personas que recordaban la raza y deseaban verla recuperar su prominencia comenzaron a idear cómo restaurarla a su población anterior, tarea que iniciaron a principios de la década de 1970. Aunque habían pasado apenas 70 años, la raza había sido una presencia constante en la vida cotidiana de muchas personas. Quienes la conocían querían verla regresar, aunque el rol del perro fuera diferente al del pasado. Dado cuánto habían cambiado sus trabajos a lo largo de los años, no sería un desafío encontrarles un nuevo propósito. Lo que sería desafiante era encontrar suficientes ejemplares aptos para reactivar la crianza sin perder las cualidades esenciales de la raza. Comenzaron a buscar en muchas aldeas remotas de Italia perros que pudieran servir para reiniciar el proceso de recuperación de la raza. Mientras que en las zonas más pobladas el perro ya no era necesario, en los pueblos más pequeños y aislados todavía se valoraban sus cualidades como un trabajador fuerte y leal.

Durante la década siguiente, algunos ejemplares llegaron a los Estados Unidos. Veinte años después de que los italianos comenzaran a trabajar para recuperar la raza, el Club Canino Italiano reconoció al Cane Corso como una raza oficial en 1994. Tres años más tarde, la Federación Cinológica Internacional también le otorgó reconocimiento, aunque la aceptación oficial a nivel internacional no llegó sino hasta 2010.

Hoy en día, el Cane Corso se ha convertido en un perro de familia mientras continúa siendo un guardián confiable. Su temperamento serio y protector permanece, pero hoy engañaría a quienes no lo conocen: con su familia, es prácticamente imposible imaginarlos siendo otra cosa que juguetones y divertidos.

Legislación sobre razas y listas de restricciones

Uno de los principales problemas al adoptar una raza con fuerte instinto protector es que las administraciones públicas y algunas compañías de seguros imponen regulaciones estrictas. En España, la Ley 50/1999 y su reglamento (Real Decreto 287/2002) obligan a obtener licencia municipal, seguro de responsabilidad civil y registro para cualquier perro considerado «potencialmente peligroso» (PPP). Aunque el Cane Corso no figura en la lista estatal, varias comunidades y ayuntamientos lo incluyen de forma expresa o lo catalogan aplicando criterios morfológicos. Por ejemplo, Cataluña menciona al Cane Corso entre las razas que los municipios pueden declarar PPP, lo que implica bozal, correa ≤ 2 m y un solo perro por paseador en la vía pública.

Su reputación proviene de una historia larga como guardián y perro de presa, y los problemas actuales suelen aparecer cuando la familia no puede manejar un moloso de este tamaño. Para conocer los requisitos exactos conviene consultar:

- El BOE (Real Decreto 287/2002) para las obligaciones nacionales.

- Las ordenanzas de su ayuntamiento o comunidad (p. ej., Generalitat de Catalunya o Comunidad Valenciana) donde pueden ampliarse las razas PPP y fijar medidas adicionales.

- El Registro de Reproductores Recomendados de la RSCE o la web de su Colegio Veterinario para guías sobre tenencia responsable y seguros.

El Cane Corso es un perro magnífico, pero exige mano firme, socialización temprana y adiestramiento constante. Sin estas bases, cualquier raza protectora puede volverse problemática. Su mayor riesgo no suele ser hacia las personas, sino hacia gatos u otros animales pequeños que pueda perseguir. Al ser posible que su ayuntamiento lo clasifique como PPP, recuerde que deberá llevar bozal y correa corta fuera de casa y mantener un control estricto en el jardín o durante los paseos. Con dedicación y responsabilidad, el Cane Corso puede ser un compañero equilibrado y seguro para la familia.

CAPÍTULO 2.
Un guardián leal y cariñoso con una presencia intimidante

Un Cane Corso adulto parece el tipo de perro que la gente prefiere evitar. Con una musculatura marcada y un cuerpo robusto, son lo contrario a una raza pequeña. Pueden representar un elemento disuasorio contra ladrones y extraños, ya que los Cane Corsos tienden a ser territoriales y protectores. Por muy intimidantes que parezcan, cuando están con su familia, son totalmente lo opuesto: disfrutan de diversas actividades y son juguetones. Con el adiestramiento adecuado, esta raza puede ser una maravillosa incorporación a tu hogar y familia.

Las características físicas distintivas del cane corso

«En mi opinión, el Cane Corso es una de las razas más hermosas que existen. Mis perros siempre son el centro de atención (me guste o no) cuando salimos a la calle».

Sabastian Freitas
Freitas Cane Corsos

Como una de las razas de mastín, los Cane Corsos son perros grandes, con un peso entre 38 y 50 kg cuando son adultos. Suelen medir entre 60 y 68 cm de altura, lo que significa que podrías acariciar cómodamente su cabeza sin tener que inclinarte mucho (o casi nada). Si están en su peso ideal, poseen una musculatura esbelta que los hace súper activos y, al mismo tiempo, mantienen la robustez característica de otros mastines.

Sus mantos pueden variar de color:
- Negro
- Atigrado
- Gris (desde claro a oscuro)
- Leonado
- Rojizo

Cualquiera de estos colores puede presentar manchas blancas, dando a cada perro un aspecto único. Los lugares más comunes para las manchas blancas son la nariz, el mentón, el pecho y las patas. Su pelaje es corto, pero pueden soltar mucho pelo, por lo que necesitan ser cepillados con regularidad, particularmente en invierno.

Tienen cabezas grandes con belfos caídos y sus orejas son grandes y caen hacia adelante. En el pasado, algunas personas se las cortaban, lo cual no es necesario, como tampoco lo es amputarles la cola. Esta es una práctica común para perros guardianes, pero no es algo que necesites hacer. Además, cada vez más personas se oponen a estas prácticas, ya que no ofrecen ningún beneficio real para el perro o su salud.

Problemas de salud comunes en el Cane Corso

La mayor preocupación de salud para esta raza es la dilatación gástrica (Capítulo 17), que puede ser fatal. Es un problema en todos los perros que tienen una constitución similar; la raza tiene un pecho grande y una cintura más pequeña. Esta estructura facilita que el estómago se tuerza, cortando la entrada y salida del estómago. Puede ser un problema fatal si no se atiende de inmediato.

Debido al cuidado con el que se criaron estos perros durante finales del siglo XX, esta no es una raza con muchos problemas genéticos. Como todos los perros grandes, tienen problemas en sus huesos y articulaciones cuando envejecen. Deberás estar atento a la displasia de cadera cuando tu perro entre en la segunda mitad de su vida.

Los únicos otros problemas genéticos comunes están asociados con sus ojos. Deberás prestar atención al prolapso de la glándula del tercer párpado (ojo de cereza) y el entropión. Los problemas oculares se tratan con más detalle en el Capítulo 17.

Advertencia sobre los Mastines: babeo, flatulencia, resoplidos y ronquidos

Aunque los Cane Corsos pueden ser diferentes de otros mastines en varios aspectos, tienen mucho en común. Desafortunadamente, eso incluye babeo excesivo, flatulencia, resoplidos y ronquidos. Aprenderás a vivir con esto, pero al principio te puede resultar muy molesto o desagradable.

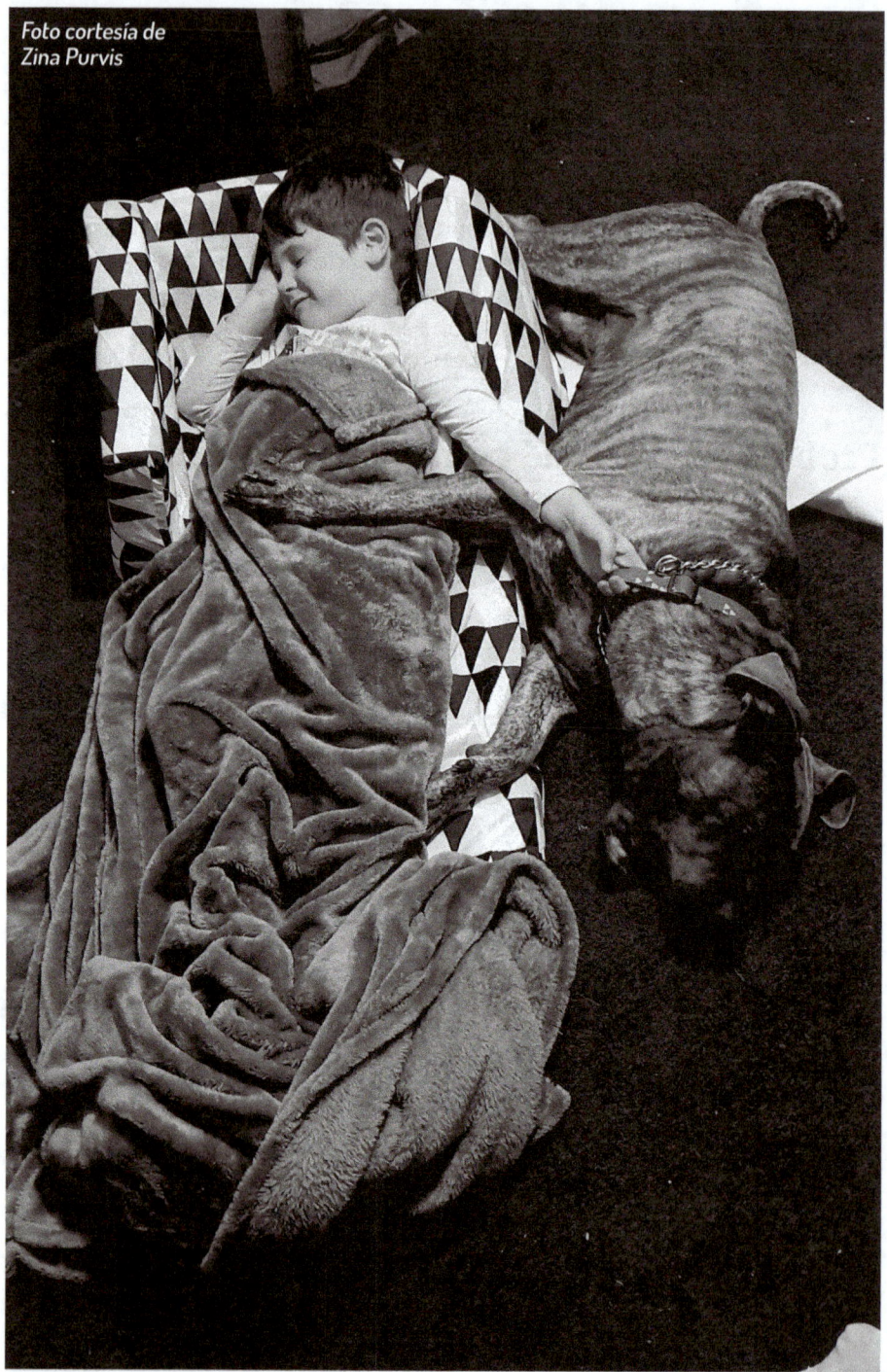

Foto cortesía de
Zina Purvis

Cuando tienes un mastín, lo que aprenderás (independientemente de su raza) es que cuando estén cerca, te darás cuenta. Como su Cane Corso va a permanecer en la misma habitación donde estás, escucharás resoplidos y ronquidos casi todo el tiempo. El silencio completo será cosa del pasado. Ten en cuenta que va a roncar cuando sea adulto, por lo que tendrás que aprender a dormir con estos fuertes ronquidos, y más aún cuando tu canino llegue a la edad dorada.

Esos belfos pesados y caídos producirán mucha baba. Desde el suelo empapado alrededor del plato de agua hasta su cama, siempre habrá señales de dónde ha estado tu perro. Cuando saques las golosinas para una sesión de adiestramiento, habrá hilos de baba colgando de su boca casi tan pronto como escuchen el crujido de la bolsa de premios. Lo mismo ocurrirá después de trotar. Si consigues un ejemplar que no tenga los labios tan fláccidos, el babeo será mucho menos. Si esto te puede llegar a molestar, averigua cuánto babean los padres para reducir las probabilidades de que tu cachorro babee mucho.

Por último, los mastines tienen una constitución física que favorece a que tengan mucha flatulencia. Después de comer o por la mañana, es probable que suelten gases mientras. Puedes minimizar esto dándole una dieta natural que incluya alimentos frescos en lugar de comida comercial, aunque preparar las comidas puede llevarte mucho tiempo. Después de un tiempo, te acostumbrarás y probablemente no te molestará mucho.

A pesar de todo, son una raza increíble y muy agradable de tener cerca (siempre y cuando esté socializado y adiestrado). Las personas que aman estos perros ven estos rasgos como pequeños defectos que los hacen aún más adorables.

Un perro familiar cariñoso y alerta, pero reservado y distante con los extraños

Esta es una raza que ha sido criada para la protección durante siglos. La lealtad y la capacidad de proteger han sido su enfoque principal durante todo ese tiempo. Esto significa que son súper cariñosos con las personas que conocen, pero pueden ser muy cautelosos con los extraños. Para evitar que sea un problema, el Cane Corso requiere una socialización temprana tanto con otros perros como con personas. Sin un enfoque completo de socialización, no podrás llevarlo a caminatas o hacer otros ejercicios, debido a su instinto protector.

Que sea cauteloso no quiere decir que tenga que ser agresivo. Esa confianza asertiva y su estado de alerta se pueden utilizar para disfrutar de salidas, siempre que le hayas enseñado que puede ignorar a la mayoría de los extraños.

En casa, debes enseñarle a regular su energía. Si no está bien adiestrado, puede sobreexcitarse, correr por la casa y derribar a las personas. Y con este tamaño, pueden causar daños serios. Cuando sea hora de relajarse, estará más que feliz de tumbarse cerca tuyo y disfrutar de estar junto a la familia.

Puede ser mucho perro para primerizos

«Generalmente no son ideales para el dueño primerizo. También son tercos e independientes y requieren un dueño que afirme una mentalidad de 'líder de la manada'. Las personas que no tienen personalidades fuertes probablemente deberían buscar otra raza. Los Cane Corso son muy sensibles para captar las señales de sus humanos. Los que no están seguros de sí mismos o de sus perros, a menudo terminan con un perro ansioso o agresivo, y muchos no pueden ser reubicados debido a los riesgos».

Christy Tripp
Tripp's Cane Corsi

El Cane Corso tiene un linaje largo, y aquellos que saben cómo manejar a un perro musculoso y de carácter fuerte pueden mantenerlo feliz y seguro. Sin embargo, para familias o personas que nunca han tenido un perro antes, o que solo han tenido perros pequeños, puede no ser el perro adecuado. No solo son inteligentes, sino también tercos, lo que significa que requieren a alguien que sepa cómo adiestrarlos. Esto es casi imposible de lograr si no has tenido un perro con el que aprender y practicar. Son increíbles, pero puede llevar mucho trabajo ayudarles a alcanzar su máximo potencial.

Desde actividades para que se cansen hasta las mejores técnicas de adiestramiento, hay mucho que necesitarás investigar antes de traer a tu Cane Corso a casa. Si no estás seguro de que podrás manejar a un perro tan confiado y protector, ahórrate el dolor de tener que separarse más tarde. Como todos los perros grandes e inteligentes (incluso los gentiles Retrievers), debes tener una mano firme y ganarte su respeto para asegurarte de que sea feliz en tu hogar. Tu Cane Corso querrá protegerte, así que debes hacer tu parte para evitar que tenga impulsos que sean perjudiciales para la felicidad de ambos.

Si nunca has tenido un perro, es mejor conseguir uno que sea más fácil de adiestrar y mucho menos terco. Para tener un perro como el Cane Corso, primero comienza con razas fáciles, luego avanza a razas pequeñas e inteligentes. Una vez que tengas una idea de cómo tratar con un perro inteligente y cómo lograr que te obedezca, entonces podrás manejar un Cane Corso.

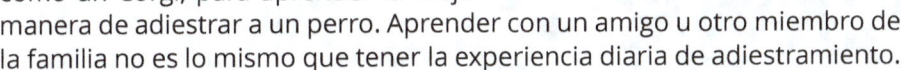

Si puedes encontrar a alguien que tenga un Cane Corso (u otra raza protectora como un Pastor Alemán o un Doberman Pinscher), pregúntale cómo es adiestrarlos y cuán firme se debe ser. No debes ser cruel, solo firme.

También es una buena idea tener una raza pequeña, inteligente y terca, como un Corgi, para aprender la mejor

Foto cortesía de Cindy Carroccio

manera de adiestrar a un perro. Aprender con un amigo u otro miembro de la familia no es lo mismo que tener la experiencia diaria de adiestramiento.

Algo común en la mayoría de los perros inteligentes es que requieren que le demuestres que eres capaz de ser el jefe, ya que les gusta tener el control. Si puedes demostrarle que eres consistente y capaz de cuidar de todos, tu perro no será un problema. Lo que no significa que seas severo o frío: las razas protectoras requieren amor y afecto positivo para convertirse en el tipo de perro que deseas en tu hogar. Es una balanza difícil de mantener si nunca has tenido un perro.

Muchas personas no están preparadas para dar toda la atención y energía que estas razas protectoras necesitan, lo que puede llevar a situaciones no deseadas. Es tan importante determinar si eres adecuado para tu perro como si tu perro es adecuado para tu hogar. El mejor humano para un Cane Corso debe ser asertivo y tranquilo, y su entorno debe ser estructurado con una rutina que los haga sentir a gusto.

También es importante que dispongas de mucho tiempo, y no solo para el ejercicio. Les encanta los mimos y los juegos. Cuando se apoyan en tu pierna, es su manera de abrazarte, y le debes corresponder. Aunque pueden ser excelentes guardianes y protectores, los Cane Corsos requieren atención y afecto a cambio.

CAPÍTULO 3.
¿Cómo encontrar a tu Cane Corso?

Si has llegado hasta este punto, hay buenas probabilidades de que estés entusiasmado con la idea de adiestrar y disfrutar de esta raza increíblemente cariñosa y leal. Si puedes manejar un perro inteligente, testarudo y musculoso, entonces estás listo para adoptar un Cane Corso.

La búsqueda para encontrar a tu nuevo miembro familiar va a tomar tiempo, incluso si decides rescatar un adulto. A pesar de que no se conocen muchos problemas asociados a la raza, pueden surgir complicaciones debido a la cría y cuidados inadecuados. Por suerte, al no ser tan populares, quienes los crían tienden a ser muy responsables, competentes y cuidadosos. Para asegurarte de obtener un cachorro saludable, debes encontrar un criador de confianza que solo se interese en los cachorros, y no tanto en el dinero. El Cane Corso tiene una esperanza de vida estimada de 10 a 12 años y querrás que no existan riesgos de condiciones genéticas, lo que significa encontrar un criador que se asegure de que sus cachorros estén sanos.

Foto cortesía de William White

¿Cachorro o adulto?

Decidir adoptar un Cane Corso es solo el comienzo. A partir de ahí, debes determinar si deseas adoptar un cachorro o un adulto. Hay aspectos positivos y negativos en ambas opciones, y el enfoque para adoptar un Cane Corso es el mismo que para la mayoría de las otras razas. Sin embargo, con un perro tan protector, deberás hacer muchas más preguntas sobre la adopción de un adulto, en especial sobre sus experiencias previas.

Rescate

Rescatar cualquier perro conlleva algunos riesgos inherentes. Si bien es posible encontrar cachorros de Cane Corso en refugios, es mucho más probable que encuentres un adulto. Adoptar un perro mayor requerirá mucho trabajo, y que sepas su historia es súper importante, aún más si ya tienes otras mascotas. Si un perro no ha sido socializado de manera adecuada o no se ha acostumbrado a estar alrededor de animales pequeños, probablemente no podrás adoptarlo si tienes este tipo de mascotas en casa.

Las organizaciones de rescate específicas para Cane Corso son cautelosas al entregar en adopción a un perro con problemas de personalidad y socialización (como los que provienen de criaderos masivos o que tuvieron dueños negligentes o abusivos). Los refugios serán menos cuidadosos, aunque le explicarán a los posibles adoptantes los riesgos y problemas que podrán enfrentar con un Cane Corso. Por lo general, rescatar un adulto implica más riesgo en cuanto al temperamento que a su salud, ya que, como casi se extinguen, su cría fue muy cuidadosa para evitar cualquier problema genético.

Los beneficios de rescatar un Cane Corso son muy similares a los de adoptar cualquier perro de rescate, pero existe un mayor riesgo debido a su naturaleza protectora. Lo bueno es que no tendrás que comenzar desde cero con el adiestramiento para hacer sus necesidades, lo cual puede ser una gran ventaja si no tienes tiempo. Los perros adultos pasan más tiempo despiertos que los cachorros, y aunque puede que les tome más tiempo acostumbrarse, puede establecer un vínculo mucho más rápido con un adulto, dependiendo de su edad. Los Cane Corsos adultos pueden ser un poco más desconfiados, en especial si no fueron socializados o sufrieron maltrato, pero se volverán cariñosos una vez que comiencen a sentirse seguros y en casa. Es posible que no quiera acurrucarse contigo los primeros días, lo que puede ser un poco desalentador, pero dale tiempo: una vez que establezcan un vínculo, se convertirá en el canino más amoroso, leal y protector.

Así como es necesario que prepares tu hogar para un cachorro, también debes hacerlo para un perro rescatado: todo tiene que estar listo antes de llegue, solo que será menos laborioso lograrlo. Dado su tamaño, deberás ser muy cuidadoso con los objetos que están a su alcance. Como no debes mantener a tu Cane Corso encerrado en una jaula todo el tiempo, necesitarás un espacio amplio para que se familiarice contigo y con tu hogar mientras evalúas su personalidad y sus capacidades. Esto es sumamente importante, y más aún si tienes otros perros, ya que querrás garantizar la armonía en el hogar.

Es posible que no puedas obtener un historial de salud completo para un Cane Corso adulto, pero lo más probable es que ya lo hayan esterilizado o castrado, así como identificado con microchip. A menos que el que adoptes tenga problemas de salud (los cuales deberían ser revelados por la organización de rescate si están disponibles), su primera consulta con un veterinario no suele ser tan costosa como la de un cachorro. Sin embargo, le tendrás que dedicar mucho más tiempo al adiestramiento y ejercicio.

*Foto cortesía de
Anastasia Lomas*

Los cachorros no poseen tanta capacidad de atención, lo que equivale a muchas sesiones breves de adiestramiento. Los adultos, en cambio, pueden concentrarse por más tiempo y sus sesiones serán más largas. Toda la atención que puedas brindarles es buena no solo para enseñarle las reglas del hogar, sino también para fortalecer los vínculos.

La gratificación que te da un perro mayor es mucho más inmediata que la que te puede dar un cachorro, con el cual pasarás por noches sin dormir o te frustrarás con los primeros pasos en el adiestramiento. Los Cane Corsos mayores te permiten disfrutar mientras salen a aventuras, incluso en períodos de desconfianza e incertidumbre. Todos los perros inteligentes y enérgicos requieren mucho tiempo y atención cuando son cachorros, lo que hace que evitar esa etapa sea una parte importante del atractivo de los perros mayores. Sin embargo, debes ser mucho más cauteloso, ya que lo más probable es que tarden más en aclimatarse a su nuevo hogar.

Por último, uno de los mayores beneficios de obtener un adulto es que ya crecieron por completo, lo que significa que no tienes que adivinar o estimar su tamaño cuando crezca, lo que facilita mucho la elección del equipo y suministros adecuados desde el principio.

No olvides que los criadores también pueden tener perros mayores que están dispuestos a entregar en adopción a una familia amorosa. Los contratos y garantías están destinados tanto a proteger a los cachorros como a las familias que los adoptan. Si deseas un adulto, puedes llamar a los criadores para ver si tienen algún adulto disponible. Asegúrate de hacerles las preguntas pertinentes por este tipo de adopción, que no son las mismas que si estuvieras adoptando a un cachorro; podrían proporcionarte muchos detalles sobre el perro, su personalidad y si existe algún problema potencial.

Criador

Todos los cachorros requieren mucho trabajo, a partir de que están bajo tu cuidado. Si bien el temperamento de la raza es en gran medida predecible, cómo lo adiestres y lo socialices afectará casi todos los aspectos de su vida adulta. La socialización para cada perro comienza en el momento en que empiezas a cuidarlos, pero con una raza protectora como el Cane Corso su importancia es aún mayor. Desde el principio, debes dejarle en claro a tu Cane Corso que tanto tú como tu familia son los que están a cargo, así comprenderá la jerarquía desde el momento en que ingresa a tu hogar. También querrás que el cachorro sepa que tu casa será su lugar seguro y que todos tendrán las mejores intenciones con él. Esto puede ser agotador porque los perros tienen mucha energía desde pequeños, y si no tienen un adiestramiento y socialización adecuados, pueden terminar siendo demasiado revoltosos, destructivos e incluso peligrosos.

El trabajo para preparar tu casa comienza mucho antes de que el cachorro llegue y puede ser tan laboriosos como prepararlo para un niño. Es esencial que ya esté todo listo para que puedas vigilar a tu cachorro una vez que llegue. Si no tienes tiempo para adaptar tu hogar, entonces considera obtener un perro adulto, aunque deberías optar por otra raza si el tiempo es un problema para ti.

Los cachorros de Cane Corso son absolutamente adorables, y realmente no comprenden sus propias limitaciones, por eso depende de ti proporcionar la protección que necesitan para estar seguros e ilesos. Criar a tu cachorro es una experiencia única ya que tienen mucha personalidad y son muy curiosos sobre el mundo que los rodea. También, al crecer tanto y tan rápido, en poco tiempo va a poder alcanzar cosas en estantes y mesas, por lo que debes asegurarte de tener tu casa acondicionada.

Lo positivo es que compartirás más momentos con un cachorro que con un adulto. Tendrás acceso a sus registros y los de sus padres, lo que facilita identificar cualquier condición de salud o genética que pueda sufrir, y de esta manera te asegurarás de que tu cachorro se mantenga con buena salud.

Algunas personas encuentran más fácil establecer vínculos con cachorros que con perros adultos. Un cachorro estará nervioso en un nuevo hogar, pero la mayoría se adapta rápidamente porque están predispuestos a disfrutar de la compañía de quienes los rodean. Tu función principal será protegerlo y adiestrarlo con paciencia, tema del que hablaremos en profundidad más adelante.

Encontrar un criador responsable es lo mejor que puedes hacer por tu cachorro, ya que trabajan solo con progenitores saludables, lo que reduce las probabilidades de que el cachorro tenga problemas de salud graves. Siempre tómate el tiempo para investigar. Aunque los criadores de Cane Corso son en gran parte de confianza, eso no significa que no habrá quienes estén más interesados en ganar dinero.

Rescatar un Cane Corso

«Si decides rescatar, necesitas saber cómo manejar situaciones estresantes para el perro. No recomiendo rescatar si tienes niños muy pequeños en la familia, ya que no conoces su temperamento, su historia o las líneas que influyeron en él.»

Vicky Glisson
Cape Fear Cane Corso

Si estás interesado en adoptar un perro rescatado, hay varias cosas a tener en cuenta. Esta sección cubre aquellas preguntas que deberías hacer tanto si quieres adoptar o comprar de un criador.

*Foto cortesía de
Sy Freitas
Freitas Cane Corsos*

Preguntas que debes hacer antes de adoptar

Para tener una mejor idea de la organización de rescate y cuánto saben sobre los perros que entregan en adopción, haz las siguientes preguntas:

- ¿Cuál fue la razón por la que fue entregado?
- ¿Tenía algún problema de salud cuando llegó?
- ¿Saben cómo lo trató la familia anterior? ¿Sufrió maltrato, fue adiestrado, fue socializado?
- ¿Por cuántos hogares pasó?
- ¿Qué tipo de atención veterinaria tuvo? ¿Existen registros de antes de que llegara a su cuidado?
- ¿Tiene algún problema de salud comprobado o potencial que requiera atención medica?
- ¿Está adiestrado para hacer sus necesidades?
- ¿Qué tan bien reacciona ante extraños y paseos en áreas familiares?
- ¿Camina bien con correa o es necesario un arnés especial?
- ¿Tiene buenos hábitos alimenticios? ¿Tiende a ponerse agresivo cuando come?
- ¿Cómo reacciona ante niños y otras mascotas?
- ¿Tiene alguna restricción dietética?
- ¿La organización aceptará al perro de vuelta en caso de que se identifiquen problemas con él luego de la adopción?

Advertencia: Cane Corsos en hogares con mascotas

«Los Corso adultos que son reubicados pueden estar deprimidos durante días, a veces semanas, después de ir a un nuevo hogar. La mayoría tampoco se adaptan bien a ser introducidos en otra familia (manada) con otros perros, y en especial, con otras razas dominantes.»

Tina Frey
Cypress Arrow Kennels

Cualquier raza que tenga un alto instinto de presa como el Cane Corso es un peligro potencial para animales pequeños, incluidos los perros, lo más probable es que quieran perseguirlos y jugar con ellos, poniendo en riesgo sus vidas. Si el centro de rescate no tiene información sobre si el perro está acostumbrado a mascotas pequeñas, es mejor no adoptarlo en caso de que las tengas. Necesitarás encontrar un Cane Corso adulto que no persiga a tu gato, perro o cualquier mascota pequeña.

Si tienes perros más grandes, también debes tener cuidado. Es posible que sea un desastre si el perro no fue bien socializado o no está acostumbrado a compartir su hogar. Dada la naturaleza agresiva y protectora de la raza, debes asegurarte de que cualquier perro adulto que adoptes tenga experiencia previa conviviendo con otras mascotas.

Elegir un perro adulto de un criador

Los criadores pueden ser un gran lugar para adoptar Cane Corsos mayores, particularmente si ya tienes mascotas en casa. Dado que ya vive con otros perros, tiene un cierto nivel de socialización. Además, los criadores tienen un conocimiento más completo de su historia, lo que siempre es preferible para razas puras.

Adoptar de un criador

«Si eliges adoptar un cachorro trata de conocer los temperamentos de los padres. Esto incluye nivel de actividad, agresión, dominancia y capacidad de adiestramiento. Si es posible, visita la instalación para ver el lugar donde se crían a los cachorros, conoce a los criadores y a sus perros. Observa dónde los mantienen: ¿son compañeros de familia o los tienen en corrales exteriores? ¿Los crían con niños, gatos o los exponen a otros animales? Desconfía de aquellas personas que no le permitan ver sus instalaciones.»

Christy Tripp
Tripp's Cane Corsi

Si estás adoptando un cachorro de un criador, hay mucha investigación que debes hacer antes de tomar una decisión final.

Elegir un criador

«El criador que elijas debe conocer sus líneas y qué temperamentos e impulsos producirá la pareja que han criado. También debe conocer la estructura de tu familia (si hay niños pequeños en el hogar), tu experiencia (o falta de experiencia) con razas dominantes fuertes, y tus objetivos personales con el perro. Deberías poder confiar en tu criador para que te ayude a elegir un cachorro que se adapte a tu familia y estilo de vida.»

Vicky Glisson
Cape Fear Cane Corso

Una vez que comprendas lo suficiente sobre la raza para saber en qué te estás metiendo, es hora de comenzar a hablar con los criadores. El objetivo es determinar qué criadores están dispuestos a tomarse el tiempo para responder paciente y minuciosamente todas tus preguntas. De-

Foto cortesía de
Hydro K–9

berían amar a sus Cane Corsos y asegurarse de que los cachorros vayan a buenos hogares.

Si encuentras a alguien que publica regularmente fotos e información sobre los padres y el progreso del embarazo de la madre y las visitas al veterinario, esa es una muy buena señal. Los mejores criadores no solo hablarán sobre sus perros y los planes para los padres en el futuro, sino que se mantendrán en contacto contigo incluso después de que te lleves el cachorro a casa y responderán cualquier pregunta que surja. El interés activo en saber qué sucede con los cachorros luego de la adopción muestra que se preocupan mucho por cada perro de manera individual. También querrás encontrar una persona que esté dispuesta a hablar sobre los problemas potenciales con los Cane Corsos, ya que esta no es una raza que deba adoptarse sin antes reflexionarlo bien y estar comprometido. Los buenos criadores querrán asegurarse de que la familia adoptante sea capaz de socializar y adiestrar como se debe a su cachorro.

Es probable que cuando llames para investigar, la conversación dure aproximadamente una hora. Si un criador no tiene tiempo para hablar y no está dispuesto a hacerlo más tarde, puedes tacharlo de tu lista. Una vez que ya hayas hablado con cada posible criador, compara las respuestas.

A continuación, encontrarás una lista de preguntas que te serán muy útiles. Asegúrate de tomar nota mientras entrevistas a los criadores:

- Pregunta si puedes visitar el lugar en persona. La respuesta siempre debe ser sí, de lo contrario, no necesitas preguntar más. Agradécele y cuelga. Incluso si está lejos de donde vives, debería permitirte visitar las instalaciones.

- Pregunta sobre las pruebas de salud y certificaciones disponibles para sus cachorros (estos puntos se detallan en profundidad en la siguiente sección). Si el criador no las tiene, sácalo de tu lista.

- Asegúrate de que el criador siempre se encargue de los requisitos iniciales de salud a partir de las primeras semanas hasta los primeros meses, en especial de las vacunas. Antes de dejar a sus madres, a los cachorros se los debe vacunar y desparasitar, alrededor de las seis semanas de vida, luego deben continuarse cada tres semanas. Para el momento en que lo llevas a casa, debería tener todos, o la mayoría, de estos procedimientos de salud al día.

- Pregunta si es necesaria la esterilización o castración antes de que tenga cierta edad de madurez. Por lo general, estos procedimientos se realizan en el mejor interés de los cachorros.

- Averigua si el criador forma parte de una organización o un grupo de Cane Corso.

- Pregunta al criador sobre las primeras fases de la vida del cachorro, por ejemplo cómo planea cuidarlo durante sus primeros meses. Deberían proporcionarle muchos detalles de una manera amable. También le informarán que tipo de adiestramiento tendrá antes que te lo lleves a casa. Es posible que el criador pueda comenzar a adiestrarlo para hacer sus necesidades. Pregunta qué tan rápido ha captado el cachorro el adiestramiento para poder continuar desde allí.

- Fíjate en qué tipo de consejos da el criador sobre la crianza de su cachorro Cane Corso. Deberían estar más que felices de poder guiarte para que le des una buena vida a su perro. También deberías poder confiar en sus recomendaciones, consejos y cuidados una vez que el cachorro llegue a tu hogar.

- ¿Cuántas razas crían al año? ¿Cuántos pares de progenitores tienen? Los cachorros pueden necesitar mucho tiempo y atención, y la madre debe tener un descanso entre embarazos. Averigua si cuidan a los padres y los tratan como miembros de la familia o como máquinas de hacer dinero.

- Pregunta si los progenitores son agresivos y si conviven con otras razas. Si bien los cachorros son más maleables en cuanto al temperamento, si ya han tenido alguna exposición a otras razas, puede facilitar su integración en un hogar con otras mascotas.

Contratos y garantías

Los contratos y garantías están destinados a proteger tanto a los cachorros como a ti. Si un criador ofrece un contrato, tienes que leerlo por completo y estar comprometido a cumplir con todos los requisitos antes de firmarlo. Si bien tienden a ser bastante sencillos, debes entender todo lo que detallan antes de aceptar. Firmar implica, más allá de pagarle una suma establecida al criador, que estás comprometido con darle el mejor cuidado posible al cachorro bajo los requisitos mínimos establecidos. También se puede incluir una cláusula que indique que el criador retendrá la documentación original de registro del cachorro, de la cual podrás tener una copia. Recuerda que cuando una familia no cumple con lo que se establece el contrato, el criador puede quitarle el cachorro.

La garantía establece qué condiciones de salud promete el criador para sus cachorros. Esto, por lo general, incluye detalles de la salud y recomendaciones sobre los próximos pasos en el cuidado del cachorro una vez que abandone las instalaciones. En las garantías también se sugiere que el nuevo dueño continúe con la atención médica que inició el criador. En caso de que se descubra una condición de salud relevante, se devolverá el cachorro al criador. También se detallará lo que no se garantiza. Este tipo de documentos tienden a ser muy larga (a veces más que el mismo contrato), por eso debes leerlo detenidamente antes de firmar. A veces, la adopción solo es posible si la familia puede garantizar el tratamiento médico adecuado, ya que los criadores no querrán someter a un perro al estrés de cambiar de hogar, y más aún, si ya tienen problemas de salud.

Los contratos de Cane Corso suelen tener como requisito la esterilización o castración del perro una vez que alcanza la madurez (por lo general, a los seis meses). También aplican requisitos de nombres, detalles de salud, estipulaciones sobre qué sucedería en el caso de que ya no puedas hacerte cargo del cachorro (suelen regresar con el criador), o si hay abuso o negligencia.

Pruebas de salud y certificaciones

«Asegúrate, en lo posible, de que los progenitores del cachorro que estás eligiendo hayan sido examinados de la cadera y no tengan enfermedades congénitas.»

Tina Frey
Cypress Arrow Kennels

Un cachorro saludable debe tener padres saludables y un historial genético limpio. Un buen criador mantiene registros extensos de cada cachorro y sus progenitores. Deberás revisar el historial completo de cada uno para saber qué rasgos podría heredar tu cachorro. Presta atención a las habilidades de aprendizaje, temperamento, apego y cualquier rasgo de personalidad que consideres importante. Puedes solicitar que te envíen los documentos vía email o que te los proporcionen cuando visites al criador.

Podría tomarte un tiempo revisar toda la información, pero vale la pena que lo hagas: cuanto más sepas sobre los padres, mejor preparado estarás para tu cachorro. Cuando estés decidiendo que Cane Corso adoptar, debes considerar ciertas condiciones de salud sobre las cuales tienes que preguntar al criador o grupo de rescate.

A continuación, encontrarás las pruebas de salud que todo criador responsable debería realizar a sus Cane Corso en España:

Foto cortesía de
Jessica Tarrant

- **Radiografías oficiales de cadera y codo** – se practican a partir de los 12 meses (15 meses en algunas razas grandes) y se califican según los criterios de la RSCE/FCI; los resultados se inscriben en el LOE/RRC para que consten en el pedigree.

- **Ecocardiograma Doppler completo** – exploración realizada por un cardiólogo veterinario colegiado para descartar miocardiopatía dilatada y otras afecciones cardiacas frecuentes en la raza. Los informes pueden añadirse al expediente de la RSCE o del club de raza; en España no se utiliza la certificación OFA salvo envío voluntario al registro estadounidense.

Los criadores que dedican recursos a integrarse en clubes y organizaciones especializadas en Cane Corso demuestran que se toman en serio la salud y el bienestar de sus cachorros. Estas entidades suelen exigir protocolos sanitarios estandarizados y códigos éticos estrictos; pertenecer a ellas es, por tanto, un indicio de calidad y compromiso profesional.

Clubes y organizaciones reconocidas en España:

- **Real Sociedad Canina de España (RSCE)** – órgano federado a la FCI que gestiona el LOE/RRC y califica oficialmente las radiografías.

- **Club Español del Cane Corso** – fomenta la cría responsable, divulga los requisitos sanitarios recomendados y organiza pruebas de selección.

- **Federación Cinológica Internacional (FCI)** – la RSCE actúa como representante de la FCI en España, de modo que sus certificados tienen validez internacional.

Seleccionar un cachorro de un criador

La selección de tu cachorro debes hacerla en persona. Sin embargo, puedes tener contacto con él desde su nacimiento a través de videos e imágenes si el criador te lo permite. Cuando por fin puedas verlo, hay varias cosas que debes verificar antes de tomar una decisión final. Algunas son generales y se aplican a cualquier perro y otras son intrínsecas del Cane Corso.

- Evalúa a todos los cachorros en su conjunto. Si la mayoría o todos son agresivos o temerosos, esto es un indicio de que hay un problema con la camada o (probablemente) con el criador. Debes estar alerta si notas que los cachorros muestran algunas de estas señales o comportamientos:

  o Cola entre las patas

  o Se encogen o retroceden cuando se les acercan

○ Gimen al acercárseles las personas

○ Intentan morder constantemente manos o pies (más allá de los saltos normales)

● Observa cómo juega cada cachorro con los demás. Esto puede darte una idea de cómo se llevará con otras mascotas que tengas en casa.

● Fíjate qué cachorros se acercan a saludarte primero y cuáles prefieren quedarse atrás observando.

● Los cachorros no deben tener sobrepeso ni estar muy flacos. A ve es puede ser difícil notarlo por el tipo de pelaje. Un abdomen hinchado suele ser señal de parásitos intestinales u otros problemas de salud.

● Deben tener patas rectas y firmes. Si se ven abiertas hacia los costados, puede indicar algún problema.

● Revisa las orejas del cachorro para asegurarte de que no tenga ácaros, que pueden causar secreción. El interior de la oreja debe ser rosado y no debe estar inflamado.

● Los ojos deben ser claros y brillantes.

● Revisa su boca para asegurarte de que las encías sean rosadas y se vean saludables.

● Acaricia al cachorro para comprobar el estado de su pelaje.

○ Asegúrate de que se sienta denso y en buen estado. Si está enredado o sucio, podría ser señal de que los criadores no lo han cuidado adecuadamente.

○ Busca pulgas y ácaros pasando la mano desde la cabeza hasta la base de la cola (las pulgas suelen esconderse allí en muchos perros). Los ácaros también pueden provocar caspa.

● Revisa la parte trasera del cachorro para ver si hay enrojecimiento o llagas. También puedes observar la última evacuación intestinal para asegurarte de que sea firme.

Elige un cachorro que muestre la personalidad que deseas en tu futuro perro. Si buscas que sea extrovertido, sociable y activo, probablemente el indicado sea el primero que se acerque a saludarte. Si prefieres que sea más tranquilo y observador, es mejor un cachorro que se quede sentado mirando antes de acercarse.

CAPÍTULO 4.
¿Cómo preparar a tu familia?

Desde tus hijos hasta otras mascotas, hay mucho trabajo por hacer para preparar a tu familia para la llegada de tu Cane Corso. Planifica pasar tiempo con los niños y las mascotas mucho antes de la llegada de tu nuevo miembro familiar. Existen muchos desafíos al comenzar con un cachorro o con un adulto. Debes tener esto en cuenta cuando comiences a hablar con tus hijos sobre el nuevo canino. Si ya tienes mascotas, prepararlas será bastante similar independientemente de la edad del nuevo perro. Para ellas, es más importante prepararse para la entrada de un Cane Corso poderoso, enérgico y con fuerte instinto de presa.

Costos y presupuesto para el primer año

El presupuesto para un cachorro es mucho más de lo que podrías pensar, por eso necesitarás planificarlo y comprar suministros con algunos meses de anticipación para saber cuánto gastarás al mes. Por supuesto, hay algunos artículos que son compras únicas, pero la mayoría, como el alimento y las golosinas, deberás comprarla regularmente.

Comienza a presupuestar el día que decidas adoptar un cachorro. El costo incluirá la adopción, que generalmente es más alto para un perro de raza pura que para uno rescatado. También deberás incluir los honorarios del veterinario y otros gastos de salud, como vacunaciones y chequeos anuales.

Si quieres unirte a una organización de Cane Corso, es importante que presupuestes este gasto adicional. Hay muchas actividades que puedes realizar con tu cachorro, como el entrenamiento junto a otros perros, ya que necesita tener una socialización positiva en un entorno seguro (trataremos este tema en profundidad más adelante).

La siguiente tabla puede ayudarte a comenzar a planificar tu presupuesto. Ten en cuenta que los precios que se detallan a continuación son estimativos y pueden variar según donde vivas.

Elemento	Consideraciones	Costos estimados
Jaula	Necesitará dos jaulas: una para el cachorro y otra para cuando crezca. Debe ser un espacio cómodo donde el cachorro dormirá y descansará.	Jaulas de metal: Rango de 60 a 350 € Jaula portátil: Rango de 35 a 200 €
Cama para perros	Probablemente necesitará dos camas: una para el cachorro y otra para cuando crezca. Esto se colocará en la jaula.	10 a 55 €
Correa	Al principio debe ser corta para poder controlar que su cachorro no se emocione demasiado y corra hasta el final de una correa larga.	Correa corta: 6 € a 15 € Extensible: 8 € a 25 €
Bolsas para paseos	Si camina en parques para perros, esto no será necesario. Para quienes no tienen acceso diario a bolsas, lo mejor es comprar paquetes para asegurarse de no quedarse sin ellas.	Los individuales cuestan menos de 1 € cada uno. Paquetes: de 4 € a 16 €
Collar	Probablemente necesitará dos collares: uno para el cachorro y otro para un Cane Corso adulto.	10 a 30 euros
Etiquetas	Probablemente las proporcionará su veterinario. Averigüe qué información brinda el veterinario para las etiquetas y adquiera las que no se proporcionen. Como mínimo, su Cane Corso debería tener etiquetas con su dirección por si el perro se escapa.	Consulte con su veterinario antes de comprar para ver si las etiquetas de rabia necesarias incluyen su información de contacto.
Comida para cachorros	Esto dependerá de si usted prepara la comida de su Cane Corso, la compra o ambas opciones. Mientras más grande sea el saco, mayor será el costo, pero menos veces necesitará comprar comida. Al principio, deberá adquirir pienso específico para cachorros, pero dejará de hacerlo después del segundo año. El pienso para perros adultos es más caro, especialmente para razas grandes como el Cane Corso.	9 a 90 € por bolsa

Comederos de agua y comida	Estos deberán mantenerse en el área del cachorro. Si tiene otros perros, necesitará tazones separados para el cachorro.	10 € a 40 €
Cuidado dental	Necesitará cepillar regularmente, así que planifique usar más de un cepillo de dientes durante el primer año.	2,50 € a 14 €
Cepillo	Los pelajes del Cane Corso son increíblemente fáciles de mantener, pero aún así debe cepillarlos con regularidad. Cuando son cachorros, el cepillado ofrece una excelente manera de crear un vínculo.	3,50 € a 20 €
Juguetes	Definitivamente querrá conseguirle juguetes a su cachorro, y necesitará juguetes para masticadores más agresivos, incluso si su cachorro los destruye rápidamente. Deberá seguir comprando juguetes para su Cane Corso adulto para el juego (costo de los juguetes para perros adultos no incluido).	Los paquetes de juguetes varían entre 10 € y 20 € (más conveniente a largo plazo ya que su cachorro morderá los juguetes rápidamente)
Premios de adiestramiento	Los necesitará desde el principio, y probablemente no será necesario cambiarlos según la edad de su Cane Corso; sin embargo, es posible que deba cambiarlos para mantener el interés de su perro.	4,50 € a 15 €

No será necesario que compres la versión para adultos de estos artículos antes de que llegue el cachorro, pero necesitarás tenerlos dentro de los primeros 6 meses porque crecerá rápido. Establece un presupuesto para los costos iniciales y luego un segundo presupuesto para las versiones adultas de los artículos que deberás reemplazar a medida que el cachorro crece.

Instruir a los niños

Para que el cachorro se sienta cómodo desde el principio, tus hijos tendrán que ser cuidadosos con él y tratarlo bien. Para eso, comienza a prepa-

Foto cortesía de William White

rarlos tan pronto como decidas adoptar a tu Cane Corso, incluso si planeas traer a casa a un adulto.

Tienes que recordarles estas reglas regularmente, tanto antes de que llegue el cachorro como después. La primera vez que jueguen con él y durante varios meses, deberás estar presente, y no podrás dejarlos solos. Los adolescentes podrían ser de gran ayuda con el perro, pero si son más chicos no es recomendable que se queden solos. Recuerda que es tu responsabilidad que no se lastime ni se asuste.

A continuación, encontrarás las cinco reglas de oro que tus hijos deben seguir desde el principio.

1. Siempre ser cuidadoso y respetuoso.

2. No molestar al cachorro mientras come.

3. Jugar a perseguirse es una actividad que debe hacerse solo al aire libre.

4. No jugar a tirar y agarrar objetos hasta que el cachorro esté bien entrenado.

5. El Cane Corso debe permanecer siempre con las cuatro patas en el suelo.

6. Todos los objetos de valor deben mantenerse fuera del alcance del cachorro.

Como seguramente tus hijos van a querer saber por qué, a continuación, encontrarás algunas explicaciones que puedes darles. Puedes adaptarlas para niños pequeños o usarlas como punto de partida para hablar del tema con adolescentes.

Siempre ser cuidadoso y respetuoso

Los cachorros de Cane Corso son muy lindos y mimosos, pero también son más frágiles de lo que parecen. No se debe jugar de manera brusca con él. Es importante ser respetuoso así aprende a serlo. Enseñarle esto a tu hijo puede ser más difícil si es pequeño.

Esta regla debe aplicarse cada vez que tus hijos jueguen con el cachorro. Trata de disuadirlos si ves que se emocionan mucho o juegan brusco, ya que el perro podría reaccionar igual y morder a alguien sin querer. Si lo llegara a hacer, no es su culpa, sino del niño. Por eso, debes asegurarte de que los niños entiendan las posibles consecuencias si juegan bruto.

Hora de comer

Los Cane Corsos pueden ser protectores con su comida, en especial si es rescatado. Incluso si es un cachorro, no querrás que se sienta inseguro acerca de su comida porque se pondrá agresivo cuando esté comiendo. Esto podría suceder si no lo entrenas adecuadamente, lo que podría llevar a algunos conflictos. Ahórrate estos problemas haciéndole entender a todos en tu familia que la hora de comer es el momento a solas del perro. Además, enséñale a tus hijos que no está permitido alimentarlo desde la mesa.

Qué si y qué no durante el juego: perseguir, tirar y patas en el suelo

Perseguir

Puede ser fácil para los niños olvidar esta regla cuando comienzan a jugar con el perro y todos se emocionan. Ese juego de escaparse puede convertirse rápidamente en una persecución, por lo que tus hijos deben entender que no deben comenzar a correr, solo una vez que estén afuera.

Correr dentro de la casa no es aconsejable por dos razones principales: tu cachorro creerá que su hogar no es seguro porque lo están persiguiendo y que correr adentro está bien, lo que es más peligroso a medida que crece. Lo que menos quieres es que tu Cane Corso atraviese tu casa a toda velocidad derribando a las personas porque cuando era cachorro era correcto hacerlo.

Tirar

Se recomienda una vez que tu cachorro esté entrenado. Primero, debe establecer qué es y qué no es un juego, no le envíe señales contradictorias. Si juegas demasiado pronto, lo alentarás a que te desafíe y que use la agresividad para conseguir lo que quiere, y esto puede ser peligroso.

Como raza protectora, el Cane Corso tiene mandíbulas muy poderosas. Por supuesto, este no es el caso cuando son cachorros, y van a querer jugar a tirar tanto como sea posible con juguetes, mantas y almohadas. Sin embargo, no es aconsejable que lo hagan ya que los hará más propensos a morder cuando se emocionen.

Patas en el suelo

Esta es una regla que probablemente requerirá una larga explicación a tus hijos, en particular si son niños pequeños, ya que los Cane Corsos se parecen mucho a juguetes, en especial cuando son cachorros. Sin embargo, nadie debe levantarlo del suelo: seguro quieran cargarlo en brazos como si fuera un bebé, pero esto es incómodo y poco saludable para él. Los niños más grandes aprenderán rápidamente que el mordisco de un cachorro duele mucho más de lo que parece, ya que sus dientes son pequeños pero afilados. Si tus hijos aprenden a nunca levantar al cachorro, se evitarán muchos problemas; y recuerda, que esta regla aplica para todos los miembros de la familia por igual.

Mantén los objetos de valor fuera de alcance

No querrás que tus objetos de valor terminen en la boca de tu perro, ya sean juguetes, joyas o zapatos. Por eso debes enseñarles a tus hijos que mantengan cualquier juguete, ropa u otros objetos de valor lejos de su alcance.

Preparar a tus perros

Los Cane Corsos tienden a ser cautelosos con otros perros. Cuando son cachorros, tienes la oportunidad de comenzar a socializarlos, pero deberás tener cuidado para asegurarte de que tengan una buena experiencia.

Esto significa que, si ya tiene caninos en casa, van a necesitar estar preparados para la nueva llegada, y estos consejos podrán ayudarte:

- Establece un horario para las actividades que necesitarás hacer y las personas que participarán.

- Preserva los lugares y objetos favoritos de tus perros, y asegúrate de que sus juguetes no estén en el espacio del nuevo cachorro.

- Organiza citas de juego en casa para ver cómo reaccionan ante un nuevo integrante.

Sigue un horario

Establece un horario que puedas mantener una vez que llegue el cachorro para que tus otros perros se sigan sintiendo amados. Básicamente, estás haciendo tiempo en tu horario solo para tus perros, y deberás asegurarte de no modificarlo después de la llegada del cachorro.

Trata de que haya al menos un adulto responsable por perro. Entraremos en más detalles más adelante sobre cuáles serán los roles de los otros adultos, pero, por ahora, cuando sepas la fecha que traerás al cachorro a casa, asegúrate de que haya varias personas que puedan ayudarte.

Tener un horario establecido te ayudará a mantener una rutina ordenada con el cachorro, quien va a comer, dormir y pasar la mayor parte del día y la noche en su espacio asignado. Esto significa que debes dividir las áreas de cada perro para que ninguno sienta que invaden su territorio. Por eso debes asegurarte de que tus hijos nunca mezclen los objetos de cada uno.

Tu perro (o perros) y el cachorro deberán mantenerse separados durante los primeros días, incluso si parecen amistosos, hasta que haya terminado con las vacunas. Los cachorros son más susceptibles a las enfermedades durante estos días, así que espera hasta que esté protegido antes de que pasen tiempo juntos.

Ayudar a tu perro a prepararse: citas de juego en casa

A continuación, detallamos una lista con puntos a tener en cuenta para que tu perro esté listo para la llegada del nuevo cachorro:

- Piensa en su personalidad para elegir la mejor manera de prepararte para ese primer día, semana y mes. Si tu perro es sociable, es súper positivo. En cambio, si tiene tendencias territoriales, deberás ser muy cuidadoso con la introducción y los primeros meses para que aprenda que el Cane Corso ahora es parte de la manada. Los perros enérgicos necesitarán atención especial para evitar que se emocionen demasiado cuando el nuevo cachorro llegue a casa.

- Recuerda como reaccionó tu perro a visitas de otros amigos peludos: si mostró tendencias territoriales, deberás tener especial cuidado con la forma en que presentas a tu nuevo cachorro. Si no has invitado a otro perro a tu hogar, organiza citas de juego para ver su re-

Foto cortesía de
Adam Reininger

acción. Conocer a un perro en casa es muy diferente de encontrarse con uno fuera del hogar.

- Piensa en todas las interacciones que tuvo tu perro: ¿ha mostrado un comportamiento protector o posesivo, ya sea contigo o con otros? La comida es una de las razones por las que la mayoría mostrarán algún tipo de agresión, ya que no quieren que nadie coma lo que es suyo. Algunos también pueden ser protectores con las personas y los juguetes.

Las mismas reglas se aplican, sin importar cuántos perros tengas. Piensa en las personalidades de todos ellos como individuos, así como en cómo interactúan juntos. Al igual que las personas, puedes descubrir que cuando están juntos, tus perros actúan de manera diferente, lo que deberás tener en cuenta al planificar su primera introducción.

Consulta el capítulo 8 para planificar las presentaciones y sus interacciones.

¿Qué pasa con los gatos y otros animales pequeños?

No hay mucho que puedas hacer para preparar a los gatos u otros animales pequeños para la llegada de un Cane Corso. Simplemente no tienen la capacidad de entender lo que estás haciendo. Lo único que puedes hacer es asegurarte de que tengan espacios seguros.

Los Cane Corsos tienen fama de perseguir animales más pequeños. Esto puede ser traumático para ellos, por eso asegúrate de tener un lugar donde su gato pueda ir a refugiarse y que su caja de arena esté elevada del suelo. Aunque no debes permitir que el cachorro esté fuera de su área designada sin supervisión, en un segundo que te descuides, podría encontrar la caja y comerse la arena.

También puede colocar la comida y el agua del gato en un lugar alto, para que pueda comer y beber cómodo. Si haces esto varias semanas antes de que llegue el nuevo perro, le darás tiempo para que se acostumbre al cambio.

Para otros animales pequeños, trata de tener un área segura para que descansen o jueguen, a la cual el perro no tenga acceso. Es importante que cada una de tus mascotas tenga su espacio designado, en donde puedan sentirse cómodas y a salvo.

CAPÍTULO 5.
¿Cómo preparar tu hogar?

«¡Recoge todo lo que esté en el suelo, sino tu Cane Corso se lo comerá!»

Tina Frey
Cypress Arrow Kennels

Los Cane Corso son adorables y pequeños cuando son cachorros, lo que hace difícil imaginar cuán grandes serán cuando sean crezcan. Sin embargo, esto ocurrirá mucho más rápido de lo que imaginas. Cuando te preparas para una raza grande, debes pensar también que primero será un cachorro pequeño que podría meterse en espacios estrechos para alcanzar comida en la encimera de la cocina.

La semana antes de que llegue, deberías realizar numerosas verificaciones para asegurarte de que tu hogar sea seguro y que tenga un espacio con todos los elementos esenciales (incluidos juguetes) para que la llegada de tu Cane Corso sea un momento maravilloso para todos, y más aún para tu nuevo compañero canino.

Incluso si adoptas un perro adulto, también deberás prepararte. Debido a que son inteligentes y obstinados, los Cane Corsos deben aprender que tú tienes el control, por eso tendrán que ganarse tu respeto. Si todavía no entiende que no debe agarrar comida de la mesa o subirse a los muebles, tendrás mucho trabajo por delante en cuanto al adiestramiento. En consecuencia, preparar tu hogar a prueba de perros evitará accidentes o malos momentos mientras le enseñas cómo debe comportarse.

Crear un espacio seguro para tu cachorro

Tu cachorro va a necesitar un espacio con una jaula (más información sobre esto en la siguiente sección), recipientes para comida y agua, almohadillas absorbentes, y juguetes. Este espacio debe ser seguro y con puertas para que no pueda salir, y los niños pequeños y otros perros no puedan entrar, también debe poder verte mientras realizas tus actividades cotidianas y sentirse cómodo.

Si tienes gatos, organiza sus espacios para que no tengan que cruzarse. Por otro lado, deberás supervisar las interacciones entre tu cachorro y los animales pequeños hasta que puedas confiar en que tu Cane Corso no los perseguirá. Con los gatos se puede complicar un poco más, ya que tienden a tener libertad de movimiento, es decir que si no aseguras bien el área del cachorro, puede entrar y resultar herido. También es posible que el cachorro juegue a perseguirlo, lo que podría volverse peligroso a medida que alcanza la adultez.

Jaulas y entrenamiento con jaula

«En mi opinión, el entrenamiento con jaula es imprescindible. Al igual que otros perros, si se dejan sin supervisión, habrá problemas y destrozos. Los Corso necesitan estructura y no se les debe dar demasiados privilegios (es decir, subirse al sofá, a la cama o explorar las encimeras) o podrían volverse agresivos o tener malos hábitos».

Tina Frey
Cypress Arrow Kennels

El entrenamiento con jaula de un cachorro Cane Corso puede ser más fácil que el adiestramiento de la mayoría de otras razas debido a su inteligencia. Cuando son jóvenes, es más probable que te hagan caso, siempre y cuando seas constante y firme.

En un principio, necesitarás una jaula pequeña, pero directamente puedes comprar una más grande, que ya estrás usando al final del primer año. También tienes la opción de usar una jaula ajustable, que variará según su tamaño. Asegúrate de colocar una cama que cubra todo el suelo de la jaula, y si puedes conseguir una manta con el olor de la madre, añádela.

La jaula debe ser cómoda y tu cachorro no la debe asociar con el castigo o con emociones negativas, sino debe ser su refugio seguro después del juego, el adiestramiento o cuando es hora de dormir.

Como se mencionó en un capítulo anterior, puedes usarla en el entrenamiento para hacer sus necesidades. El deseo de no tener una cama sucia evitará que tu Cane Corso la use como baño. Tener una almohadilla absorbente en su espacio, pero lejos de la jaula, también puede ser útil.

Foto cortesía de Kayla Armenti

Los cachorros menores de seis meses no deben estar en la jaula durante mucho tiempo seguido, ya que no podrán contener sus vejigas, por eso debes asegurarte de que tengan una forma de salir para hacer sus necesidades. Si adoptas un perro adulto que no está entrenado, deberá seguir las mismas reglas.

Traba la puerta de manera que no se cierre sobre el perro durante su olfateo inicial de la jaula. No querrás que tu Cane Corso se golpee y se asuste.

1. Deja que olfatee la jaula. Puedes hablarle mientras lo hace, usando un tono de voz positivo para que entienda que es un buen lugar. Si tienes una manta que usó la madre, ponla en la jaula para ayudar a que se familiarice con el lugar.

2. Pon algunas golosinas dentro de la jaula si parece reacio a entrar. Nunca lo fuerces, si no quiere, es normal. Tiene que ser su decisión hacerlo para que no sea una experiencia negativa.

3. Alimenta a tu cachorro en la jaula durante una o dos semanas. Esto ayudará a crear emociones positivas, al mismo tiempo que mantienes la comida alejada de las otras mascotas.

    a. Si parece cómodo con la jaula, coloca su plato de alimento bien adentro de la jaula, sino en la parte de adelante, y con el tiempo, muévelo hacia el fondo.

4. Cierra la puerta una vez que tu perro parezca estar comiendo con confianza. Cuando haya terminado, abre la jaula de inmediato.

5. Puedes dejar la puerta cerrada durante períodos más largos después de que haya comido. Si comienza a lloriquear, quiere decir que ya ha estado en la jaula por demasiado tiempo.

6. Es aconsejable dejarlo durante períodos más largos una vez que no muestre signos de incomodidad en la jaula al comer. Puedes comenzar a entrenarlo para que entre al decir «jaula» o «cama» y luego elogiarlo para hacerle saber que ha hecho un buen trabajo.

Repite este procedimiento durante varias semanas hasta que se sienta cómodo. Hacer esto varias veces al día puede ayudar a tu perro a entender que todo está bien y que la jaula no es un castigo. Al principio, puedes hacerlo mientras estás en casa o cuando sales a buscar el correo, pero ni bien pase media hora sin lloriquear, puedes probar dejarlo solo cuando te vas (nunca más de una hora).

Una vez que tu perro entienda que no debe destrozar tu hogar, el entrenamiento con jaula estará completo.

Compra los suministros y herramientas que necesitarás

«A los cachorros Cane Corso les encanta masticar y jugar. ¡Cómprale juguetes para masticar o destrozarán tus muebles!»

Sabastian Freitas
Freitas Cane Corsos

Planificar la llegada de tu cachorro significa comprar muchos suministros de antemano. Es aconsejable que comiences a comprar lo que necesitas una vez que ya hayas elegido al criador, así podrás distribuir los gastos

Foto cortesía de
Siobhan Clarkson

y no tengas que comprar todo de una sola vez. A continuación, encontrarás algunos artículos que debes tener:

- Jaula
- Cama
- Correa
- Bolsas para recoger excrementos
- Collar
- Chapita con identificación
- Comida para cachorros
- Recipientes para agua y comida
- Cepillo y pasta de dientes
- Cepillo para pelaje
- Juguetes
- Premios para el adiestramiento

Habla con tu veterinario antes de comprar cualquier medicamento, incluidos los tratamientos contra pulgas y garrapatas.

Preparar la casa a prueba de cachorros

Prepararse para la llegada de un cachorro consume tiempo, y cualquier objeto en tu casa puede representar un peligro, ya que tu Cane Corso podrá meterse en problemas. Además alcanzará rápidamente una altura que lo pondrá al mismo nivel que muchos elementos potencialmente peligrosos.

Ten en cuenta que los Cane Corsos, como cualquier cachorro, intentarán comer cualquier cosa, incluso si no es comida. Nada está a salvo, ni siquiera tus muebles, pueden morder madera y metal. Por eso ten esto presente mientras prepara tu hogar a prueba de cachorros.

Peligros y soluciones para interiores

Esta sección detalla las áreas dentro de tu casa a las cuales deberías prestar especial atención. En caso de cualquier problema que surja, ten siempre a mano el número de tu veterinario.

Los Cane Corsos explorarán todo lo que tengan a su alcance. Por muy inteligente que sea la raza, es mejor sobrestimar lo que tu cachorro puede hacer y prepararte en consecuencia. Ponte a su altura y revisa toda la casa desde su perspectiva. Seguro encontrarás al menos una cosa que pasaste por alto.

Foto cortesía de
Brittany Morrison

Peligros	Soluciones	Estimación de tiempo
Cocina		
Venenos	Manténgalos en gabinetes seguros y a prueba de niños o en estantes altos	30 min
Botes de basura	Tenga un bote de basura con cierre, o manténgalo en un lugar seguro	10 min
Electrodomésticos	Asegúrese de que todos los cables estén fuera del alcance	15 min
Comida humana	Mantener fuera del alcance	Constante (empiece a convertirlo en un hábito)
Suelos		
Superficies resbaladizas	Coloque alfombras o tapetes especiales diseñados para adherirse al suelo	30 min – 1 hora
Área de adiestramiento	Entrene en superficies antideslizantes	Constante
Baños		
Cepillo de baño	Tener uno con cierre o mantener fuera del alcance	5 min/baño
Venenos	Guardar en armarios seguros a prueba de niños o en estantes altos	15 - 30 min/baño
Inodoro	Mantener cerrado No utilice productos químicos de limpieza automática para inodoros	Constante (comience a convertirlo en un hábito)
Armarios	Mantenga cerrados con cerraduras a prueba de niños	15 - 30 min/ baño

Lavadero		
Ropa	Guarde la ropa limpia y sucia fuera del suelo, fuera del alcance	15 – 30 min
Venenos (lejía, cápsulas/detergente, hojas de secadora y otros venenos)	Mantenga en armarios seguros o en estantes altos	15 min
En el hogar		
Plantas	Mantener fuera del suelo	45 min – 1 hora
Cubos de basura	Tener un cubo de basura con cierre, o mantenerlo en un lugar seguro	30 min
Cables eléctricos, cordones de persianas	Ocúltelos o asegúrese de que estén fuera de alcance; preste especial atención a las áreas de entretenimiento y computadoras	1.5 horas
Venenos	Verifique que no haya ninguno (WD40, limpiacristales, limpiadores de alfombras, ambientadores); mueva todos los venenos a un lugar centralizado y con llave	1 hora
Ventanas	Asegúrese de que los cordones estén fuera de alcance en todas las habitaciones	1 – 2 horas
Chimeneas	Guarde los productos de limpieza y herramientas en un lugar fuera del alcance del cachorro Cubra la apertura de la chimenea con algo que el cachorro no pueda derribar	10 min/chimenea

Escaleras	Bloquee el acceso para que su cachorro no intente subir o bajar; asegúrese de probar cualquier puerta para cachorros	10 – 15 min
Mesas de centro/Mesitas auxiliares/Mesitas de noche	Limpias de objetos peligrosos (p. ej., tijeras, equipo de costura, bolígrafos y lápices) y objetos de valor	30 – 45 min

Si tienes un gato, mantén su caja en algún lugar alto al cual pueda acceder fácilmente y que tu Cane Corso no alcance. Como esto implica enseñarle a tu gato a usar un nuevo lugar, es algo que deberías hacer con bastante antelación a la llegada del cachorro. No querrás que pase por muchos cambios a la vez, con el nuevo integrante será suficiente. Si notas que asocia este cambio con el cachorro, podría negarse a usar la caja en el nuevo espacio.

Peligros y soluciones para exteriores

Esta sección detalla aquellas cosas que están en la parte exterior de tu casa y que debes revisar antes de la llegada del cachorro.

Peligros	Soluciones	Estimación de tiempo
Garaje		
Venenos	Guárdelos en armarios seguros y a prueba de niños o en estantes altos (por ejemplo, productos químicos para coches, suministros de limpieza, pintura, cuidado del jardín) – esto incluye fertilizante	1 hora
Cubos de basura	Manténgalos en un lugar seguro	5 min

Herramientas (por ejemplo, jardín, coche, ferretería, herramientas eléctricas)	Asegúrese de que todos los cables estén fuera de su alcance: Manténgalos fuera de alcance y nunca colgando sobre el borde de las superficies	30 min – 1 hora
Equipamiento (por ejemplo, deportes, pesca)	Manténgalo fuera de alcance y nunca colgando sobre el borde de las superficies	Constante (comience a hacerlo un hábito)
Objetos cortantes	Manténgalos fuera de alcance y nunca colgando sobre el borde de las superficies	30 min
Bicicletas	Guárdelas fuera del suelo o en un lugar al que el Cane Corso no pueda llegar (para evitar que el cachorro muerda las llantas)	20 min
Cercado		
Reparaciones	Repare cualquier desperfecto en el cercado. Los Cane Corso no solo pueden derribar una cerca, sino que pueden aprender a escalarla, así que asegúrese de que sea resistente y alta	30 min - 1 hora
Huecos	Rellene todos los huecos, incluso si son intencionales, para que su Cane Corso no se escape	30 min - 1 hora
Agujeros/Depresiones en la Base	Rellene cualquier área que pueda ser fácilmente atravesada	1 – 2 horas
Patio		
Venenos	No deje ningún veneno en el jardín	1 – 2 horas

Plantas	Verifique que todas las plantas bajas no sean tóxicas para los perros; cercar las que lo sean (como las vides de uva)	45 min – 1 hora
Herramientas (por ejemplo, de mantenimiento de césped y jardinería)	Asegúrese de que estén fuera de su alcance; asegúrese de que no haya nada colgando sobre las mesas exteriores	30 min – 1 hora

Nunca dejes a tu Cane Corso solo en el garaje, incluso cuando si es adulto. Siempre debes tener un ojo en el perro, y más aún cuando es cachorro, ya que se puede meter debajo del auto o escabullirse en espacios pequeños, y no podrías sacarlo.

Si tienes un patio cercado, considera cambiarlo. El Cane Corso es un artista del escape y su tamaño les permite derribar cercas; mismo si son de eslabones de cadena, se las ingeniarán para poder escapar. A pesar de su tamaño, los Cane Corsos son muy ágiles, y en conjunto con su inteligencia, pueden escalar y pasar al otro lado. Por eso es importante que elijas una que sea de un buen material, y bien alta. Lo ideal es que tenga de 2,4 a 3 metros de altura, y como mínimo, 1,8 metros.

Al igual que hiciste con el interior, deberás revisar bien todo el exterior de tu casa desde la perspectiva de un cachorro. De nuevo, es casi seguro que encontrarás al menos una cosa que pasaste por alto.

CAPÍTULO 6.
Salud y bienestar

Desde que se salvó a la raza de la extinción, se han tomado todos los recaudos en su cría para asegurar que tenga la menor cantidad de problemas genéticos posibles. Sin embargo, la forma en que cuidas de tu Cane Corso también afecta su salud. Estos perros requieren un par de horas de ejercicio al día y entrenamiento continuo. Por otro lado, también debes tener especial cuidado con su nutrición.

Elegir un veterinario

Comienza a buscar un veterinario para tu Cane Corso incluso antes de elegir un criador. Ya sea que adoptes un cachorro o un adulto, deberías llevarlo al veterinario dentro de las 48 horas (se recomienda dentro de las 24 horas) de su llegada para asegurarte de que esté sano. Conseguir una cita puede llevar tiempo, al igual que obtener un turno médico, por lo que necesitarás tener todo reservado con bastante antelación.

Aquí hay algunos aspectos a considerar cuando busques un veterinario.

- ¿Cuál es el nivel de familiaridad con los Cane Corsos? No es necesario que sea un especialista, pero si puedes encontrar uno con experiencia en la raza, mucho mejor. De lo contrario, averigua si tiene experiencia con otras razas guardianas (como los Rottweilers y Pastores Alemanes) y mastines. No será lo mismo, pero puede ser de gran ayuda.

- ¿A qué distancia se encuentra? Lo recomendable es que esté a no más de 30 minutos en auto.

- ¿Tiene disponibilidad para emergencias o puede recomendarte a otro profesional para estos casos?

- ¿Forma parte de un hospital veterinario, o deriva a los pacientes a un hospital para mascotas?

- ¿Es el único o uno de varios socios? Si forma parte de una sociedad, ¿se puede mantener el mismo veterinario para las visitas?

- ¿Cómo se programan las visitas?

- ¿Brinda otros servicios, como peluquería o guardería?

- ¿Está acreditado?

- ¿Cuáles son los precios de la visita inicial y los costos habituales, como vacunas y chequeos regulares?

- ¿Qué pruebas y controles se realizan durante la visita inicial?

Tómate el tiempo para visitar al veterinario que estás considerando así puedes observar cómo es el ambiente. Trata de hablar con él para comprobar si es el indicado para atender a tu cachorro y responder tus dudas. El tiempo de un profesional es valioso, pero debería poder brindarte unos minutos para corroborar que es la elección correcta.

Alimentos peligrosos

A diferencia de nosotros, los perros pueden comer carne cruda, sin embargo, hay algunos alimentos humanos que podrían ser fatales para tu Cane Corso. A continuación, encontrarás una lista de alimentos que deberías mantener alejados:

- Semillas de manzana

- Chocolate

- Café

- Huesos cocidos (son peligrosos cuando se astillan)

- Mazorca de maíz (puede ser mortal para los perros; el maíz desgranado está bien)

- Uvas y pasas de uva

- Nueces de macadamia

- Cebollas y cebollinos

- Melocotones, caquis y ciruelas

- Tabaco

- Xilitol (un edulcorante utilizado en variedad de dulces y productos horneados)

- Levadura

Esta es una lista de alimentos tóxicos para la mayoría de los perros, pero si quieres tener información más específica acerca de la raza, en el *Canine Journal* encontrarás una extensa lista de alimentos que deben evitarse.

Los peligros de la dilatación gástrica

Los Cane Corsos como raza corren el riesgo de padecer el síndrome de dilatación y vólvulo gástrico (GDV, por sus siglas en inglés), más conocido como dilatación gástrica. Esta condición ocurre cuando el estómago de un animal se dilata y gira. Puede ser fatal ya que puede interrumpir la capacidad del estómago para digerir nutrientes, dañar el sistema cardiovascular e incluso causar la muerte. Este es un problema común en perros con constituciones como la del Cane Corso. Más adelante repasaremos esta condición, sus causas y diagnóstico en detalle.

Crecimiento: huesos y articulaciones

Los perros grandes requieren cuidados adicionales mientras crecen. Debes cuidar tanto su alimentación como la actividad física que realiza. Sus huesos y articulaciones se desarrollan rápido, lo que puede causar problemas en la adultez. Demasiado ejercicio o un mal movimiento pueden lastimarlo. Para que tu Cane Corso crezca con huesos y articulaciones sanas, debes evitar que haga las siguientes actividades:

1. Subir y bajar escaleras corriendo.

2. Correr cuesta abajo por pendientes pronunciadas.

3. Saltar sobre o desde muebles, como camas y sofás.

4. Saltar al entrar o salir del coche u otro vehículo.

5. Correr sobre superficies duras, incluso en interiores. La madera, las baldosas y el vinilo son resbaladizos: puede patinarse y golpearse contra paredes o muebles.

Horarios y requisitos de sueño

Cuando lo lleves a casa, verás la cantidad de energía que tiene. Sin embargo, los cachorros de cualquier raza (sin importar lo activos que sean más adelante) necesitan muchas horas de sueño: lo normal es entre 18 y 20 por día. Tener un horario de sueño predecible ayudará a que crezca más saludable.

Los mastines son conocidos por dormir mucho, más allá de su edad. Tu Cane Corso no será tan complaciente, pero durante los primeros meses, no

tendrás que preocuparte por poder seguirle el ritmo. Sin embargo, al final del primer año, será mucho más activo.

Durante los primeros días de tu cachorro, la mayoría de su tiempo girará en torno a dormir y comer, y mientras esté despierto y activo, disfrutará de los paseos, la socialización y el entrenamiento.

CAPÍTULO 7.
Llevar a su Cane Corso a casa

«Deja que tu cachorro se adapte a su nuevo entorno. Los Corsos necesitan tiempo para acostumbrarse; no confían con facilidad en extraños, nuevas familias o nuevos ambientes. ¡Dale tiempo! Muchas veces las personas piensan que algo anda mal porque se muestra reservado y sin energía. Solo está asustado e inseguro de todo lo nuevo que lo rodea. Por lo general no tarda mucho en darse cuenta de que todo está bien.»

Sabastian Freitas
Freitas Cane Corsos

La sensación de presentarle tu hogar a tu Cane Corso no se compara con nada. La mezcla de curiosidad y aprensión es diferente en cada canino, pero siempre resulta interesante observar cómo esta raza reacciona a un nuevo lugar. La inteligencia natural del Cane Corso hará que sea más curioso, aunque si adoptaste un perro adulto, probablemente explore todo con cautela. Lee el Capítulo 8 sobre cómo presentarlo a tus otras mascotas para incorporarlo de manera segura al resto de la familia.

Preparativos finales y planificación

La mayoría de las razas inteligentes requieren tu presencia constante durante la primera semana y tanto tiempo como sea posible durante el primer mes. Para lograr esto, es posible que necesites tomarte un tiempo libre del trabajo o trabajar desde casa durante al menos las primeras 24 o 48 horas. Cuanto más tiempo puedas dedicarle al cachorro para que se acostumbre al nuevo entorno, mejor será para que se sienta cómodo.

A continuación, encontrarás algunas listas útiles para la llegada de tu cachorro y los días posteriores.

Establece un horario para el cachorro

Prepara un horario tentativo para comenzar durante el transcurso de la semana, ya que durante los próximos días estarás muy ocupado. Las siguientes son las tres actividades más importantes paras las cuales debes establecer un horario:

- Alimentación
- Adiestramiento (incluido el entrenamiento para hacer sus necesidades)
- Juego

Realiza una inspección final de seguridad

No importa cuán ocupado estés, o cuán meticuloso hayas sido en la seguridad para tu cachorro, aún debes inspeccionar el hogar una vez más antes de que llegue. Reserva una o dos horas para completar esto con unos días de anticipación.

Reunión familiar

Ten una reunión con todos los miembros de la familia para asegurarte de que todas las reglas discutidas en el Capítulo 4 sean recordadas y comprendidas antes de que el cachorro llegue. Debes determinar quién será el responsable principal y quién será el adiestrador. Para ayudar a enseñar a los niños más pequeños sobre la responsabilidad, uno de los padres puede asociarse con un niño para cuidarlo. El niño será responsable de cosas como mantener el recipiente de agua lleno y alimentarlo, mientras un padre supervisa las tareas.

El momento de ir a buscar al cachorro y el viaje a casa

Recoger a tu cachorro requiere bastante planificación y preparación, especialmente si vas a ir a la casa del criador. Si es posible, hazlo durante un fin de semana o al comienzo de unas vacaciones para que puedas pasar tiempo en casa con él. Esta sección cubre la preparación y el viaje en sí, pero no lo que debe hacer si tiene otros perros para presentar (capítulo 8). Si no tienes otros perros, puedes recogerlo e ir directamente a casa. No te detengas en ningún lugar durante el trayecto. Si tienes un viaje largo (más de un par de horas), incluye descansos cada tanto para que el cachorro pueda estirarse, hacer ejercicio, beber y hacer sus necesidades. Nunca lo dejes solo en el automóvil, al menos un adulto debe quedarse con él.

Por muy tentador que sea acurrucarse con el perro e intentar que el viaje a casa sea cómodo, usar una jaula es lo más seguro y cómodo para él.

Foto cortesía de
Jessica Tarrant

Antes de salir, asegúrate de tener todo preparado:

- La jaula debe estar sujeta por seguridad e incluir un cojín dentro de la misma.

- Llama al criador para asegurarte de que todo sigue según lo programado y confirma que el cachorro está listo.

- Pregunta, si aún no los ha hecho, si es posible darle una manta a la madre para que deje su olor para ayudar a que la transición del cachorro sea más amena.

- Asegúrate de que el otro adulto recuerde y llegue a tiempo al lugar de recogida.

- Si tienes otros perros, que todos los adultos involucrados sepan qué hacer y dónde ir para ese primer encuentro neutral.

Debe haber dos adultos durante el primer viaje. Si el cachorro nunca ha estado en un automóvil antes es importante tener a alguien que pueda prestarle atención mientras la otra persona conduce. Si bien estará dentro de la jaula, no está de más que lo vigilen y le brinden consuelo, ya que es un momento difícil para él.

Ahora es ideal enseñarle que los viajes en automóvil son agradables. Es importante que la jaula esté asegurada, no querrás que se asuste si se empieza a deslizar estando dentro de ella.

Cuando llegues a casa, llévalo afuera de inmediato. Incluso si tuvo un accidente en el camino, este es el momento de comenzar a entrenarlo sobre dónde hacer sus necesidades.

¿Qué esperar de la primera visita al veterinario?

Dentro de los primeros uno o dos días de la llegada de tu cachorro es necesaria una visita al veterinario. Necesitas una primera revisión de su salud de modo que el veterinario pueda seguir su progreso y monitorearlo para asegurarse de que todo va bien a medida que crece. La evaluación inicial te brinda más información sobre el cachorro, además de darte la oportunidad de hacerle preguntas al veterinario y que te dé consejos. También genera un vínculo entre ellos.

Esa primera visita será interesante y muy diferente a las posteriores. Como tu cachorro nunca ha estado con ese profesional, estará estresado, así que haz lo mejor que puedas para aliviar su ansiedad. Querrás que esta experiencia sea positiva para todas las visitas futuras.

Hay varias cosas que deberás hacer antes del día de la cita:

- Averigua con cuánta anticipación debes llegar para completar cualquier documentación o formulario.

- Averigua si debes llevar una muestra de heces. De ser así, recógela esa misma mañana.

- Lleva la documentación proporcionada por el criador o la organización de rescate para que el veterinario abra el historial médico de tu cachorro.

Al llegar, es probable que tu cachorro quiera explorar y saludar a todos. Esta es una oportunidad para que trabajes en su socialización y para crear una experiencia inicial positiva, aunque deberás hacerlo con precaución. Siempre pregunta antes de que tu perro se acerque a otros animales. Las mascotas que estén en el consultorio seguro no se sientan bien, por lo tanto no serán amigables. No querrás exponerlo a posibles enfermedades o que un perro mayor malhumorado o enfermo lo muerda o lo asuste: las experiencias sociales negativas probablemente refuercen la naturaleza agresiva y protectora del Cane Corso.

Durante la primera visita, el veterinario realizará una evaluación inicial de tu perro. Primero lo pesará y esto es algo que vas a tener que monitorear siempre ya que la raza es propensa a la obesidad. Registra su peso para ver cuán rápido está creciendo. Averigua cuál es el peso saludable en cada etapa, y tómalo en cuenta. Los Cane Corsos crecen súper rápido durante el primer año, pero igual debes asegurarte de que esté en su peso ideal.

El veterinario establecerá la fecha para la próxima vacunación, que seguro será al poco tiempo. Cuando sea el momento, recuerda que tendrás que dedicarle más tiempo a tu cachorro, ya que podría sentirse mal durante los días siguientes.

Adiestramiento preliminar

«Los Corso son súper fáciles de adiestrar. Comienza tan pronto como lleguen a casa. El cachorro debe aprender a confiar en ti 100% para tomar todas las decisiones: tú eres el alfa y toda la familia debe aprender a serlo también (papá, mamá e hijos). Recomiendo que todos hagan el entrenamiento de obediencia, les dará confianza y le enseñará al perro a obedecerlos.»

Vicky Glisson
Cape Fear Cane Corso

Como se mencionó, el adiestramiento comienza a partir del momento en que tu Cane Corso se convierte en tu responsabilidad. Considerando el hecho de que puede ser terco, querrás comenzar a acostumbrarlo a la idea de que tú estás a cargo. Esto ayudará a contrarrestar su naturaleza obstinada.

El enfoque durante estas primeras semanas es comenzar el entrenamiento para hacer sus necesidades y minimizar el mal comportamiento, especialmente hacia otros animales, y la territorialidad. El adiestramiento desde el principio es clave, pero no debes llevarlo a ninguna clase todavía, ya que no tiene todas las vacunas necesarias. En los Capítulos 10 y 12 se describen los diferentes tipos de adiestramiento y cómo darle seguimiento después de esas primeras semanas.

Sustos durante la primera noche

Esa primera noche va a ser aterradora para tu pequeño Cane Corso. Pero no hay mucho que puedas hacer, cuanto más respondas a los llantos y gemidos, más le estarás enseñando que los comportamientos negativos le proporcionarán los resultados deseados. Deberás encontrar el equilibrio entre proporcionarle seguridad y evitar que llore para llamar tu atención.

Crea un área para que tu cachorro duerma cerca tuyo, con su cama y la manta de la madre dentro de la jaula, este será su lugar seguro. El espacio debe estar bloqueada para que nadie pueda entrar (y el cachorro no pueda salir) durante la noche. Además puedes agregar ruido blanco para ayudar a que tu perro se relaje.

Tu cachorro hará ruidos durante el transcurso de la noche, pero no lo muevas, incluso si los gemidos te mantienen despierto. Si cedes, con el tiempo los lloriqueos y llantos se volverán más fuertes. Piensa que está asustado o quiere que alguien esté con él, así que enséñale que gemir no siempre funcionará para sacarlo de la jaula. Pero no debes alejarlo, ya que lo asustará más y reforzará su ansiedad. Con el tiempo, solo con estar cerca de ti será suficiente para que esté tranquilo.

No dejes que se suba a la cama hasta que esté completamente entrenado para hacer sus necesidades. Una vez que un Cane Corso aprende que puede subir, no podrás hacerle entender que no salte sobre la cama. Y si no está entrenado para hacer sus necesidades, necesitarás una cama nueva en un futuro muy cercano.

Los cachorros necesitarán ir al baño cada dos o tres horas, y deberás levantarte durante la noche para que entienda que siempre debe ir, ya sea afuera o en la almohadilla de entrenamiento. Si dejas que haga en cualquier otro lado, será difícil ponerle límites y entrenarlo más adelante.

CAPÍTULO 8.
Hogar con varias mascotas

Introducir un Cane Corso en un hogar con otras mascotas puede ser desafiante, y más si es adulto, por eso siempre debes planificar la primera presentación. Los cachorros serán más fáciles de introducir en la manada que los adultos (si decides rescatar un Cane Corso, generalmente se recomienda que no tenga otras mascotas), pero eso no significa que no vayas a tener problemas. Los Cane Corsos no suelen llevarse bien con otros perros a menos que hayan sido correctamente socializados cuando eran pequeños. Los cachorros quizás no tengan el mismo prejuicio, pero hay mucho trabajo por hacer. Como aspecto positivo, si ya tienes un perro puede ser útil para que el nuevo cachorro se socialice antes, además de enseñarle cómo funcionan las cosas en tu casa. Dada su inteligencia, esto podría simplificar el proceso de adiestramiento.

Si tus mascotas tienen problemas de comportamiento, es recomendable corregirlos antes de que llegue el cachorro, no querrás que aprenda malos hábitos.

Foto cortesía de
Will Perrien

Foto cortesía de Cindy Carroccio

¿Cómo presentar al nuevo cachorro con tus otras mascotas?

Siempre preséntalos en un lugar neutral lejos de tu casa. Incluso si nunca has tenido problemas con tu perro actual, estás a punto de cambiar su mundo. Elige un parque u otra área pública donde no se sienta territorial. Esto les da a los animales la oportunidad de conocerse antes de entrar juntos a tu hogar.

Al presentarlos, trata de que haya un adulto por cada perro: esto facilitará mantener a todos bajo control. Incluso los perros más buenos pueden ponerse nerviosos al conocer a un cachorro. Una de las personas que debe estar presente es quien está a cargo de las mascotas en el hogar, lo que ayudará a establecer la jerarquía de la manada.

No sostengas al cachorro mientras haces las presentaciones. Aunque quizás quieras protegerlo y hacerlo sentir cómodo, producirá el efecto contrario y se sentirá atrapado, sin forma de escapar. Estar en el suelo le da la libertad de correr si siente la necesidad de hacerlo. Párate cerca con los pies un poco separados para que pueda esconderse rápidamente detrás de tus piernas si quiere escapar.

Observa si su pelo del lomo se eriza. El cachorro y cada perro deberían tener unos minutos para olerse, y a la vez, que la correa esté floja. Esto les ayuda a sentirse más relajados ya que no sentirán que tratas de contenerlos. Es probable que tu perro quiera jugar o simplemente ignore al cachorro.

- Si quieren jugar, ten cuidado de que no lastimen accidentalmente al cachorro.
- Si lo termina ignorando después de un primer olfateo, también está bien.

Si el pelo del lomo está erizado o si claramente está descontento, mantenlos separados hasta que parezca más cómodo con la situación, pero nunca fuerces el encuentro.

La presentación podría llevar tiempo, dependiendo de las personalidades de los perros. Cuanto más amigable y receptivo sea tu perro, más fácil será incorporar al cachorro en el hogar. Para algunos, una semana es tiempo suficiente para comenzar a sentirse cómodos juntos, pero para otros, podría tomar un par de meses antes de que acepten a un nuevo integrante. Dado que esta es una dinámica completamente nueva, es posible que tu perro no esté contento, y mientras más viejo sea, más probable es que un cachorro no sea bienvenido. Pero recuerda que el objetivo es hacer que tu cachorro se sienta a gusto y seguro, mientras le haces saber a tu perro mayor que tu amor por él es tan fuerte como siempre.

Una vez que todos comiencen a conocerse y a sentirse cómodos entre sí, pueden ir a casa. Al entrar en la casa, tendrán un poco más de familiaridad entre ellos, lo que hará que se sientan más cómodos con la nueva incorporación a la familia.

Una vez que estés en casa, llévalos al jardín y quítales las correas. Necesitarás un adulto por perro, incluido el cachorro. Si parecen estar bien o muestra indiferencia, puedes dejarlo entrar, volver a poner la correa al cachorro y mantenerlo con la correa mientras entran.

Una vez que las presentaciones hayan terminado, pon al cachorro en su espacio designado.

Cómo presentar un perro adulto a otros perros

Si el grupo de rescate no sabe cuánta socialización ha tenido un Cane Corso adulto y no puede decir qué tan bien se lleva con otros perros, es mejor no adoptarlo. Son una raza fantástica, pero dado que tienden a no llevarse bien con los de su propia especie, no querrás tener que devolverlo porque tiene problemas con tu perro actual.

Incluso si la organización de rescate sabe que el Cane Corso se lleva bien con otros perros, aún debes abordar la presentación y las primeras semanas (y probablemente meses) con precaución, ya que necesitará sus propias cosas y deberá mantenerse en un área separada cuando no estés presente, por lo menos hasta que sepas que no habrá peleas.

Planifica la presentación de forma tal que tome al menos una hora. Probablemente será menos, pero todos los perros deben estar cómodos.

Foto cortesía de
Joy Sponaugle

Como son todos adultos, necesitarán avanzar a su propio ritmo, y para los Cane Corsos puede llevar un poco más de tiempo.

Sigue los mismos pasos que seguirías con un cachorro.

- Comienza en territorio neutral.

- Ten un adulto por cada perro presente en la presentación (esto es aún más importante cuando son mayores).

- Presenta un perro a la vez, no dejes que varios lo conozcan al mismo tiempo. Esto podría generarle mucho estrés y tensión.

A diferencia de lo que ocurre con un cachorro, siempre debes llevar golosinas al encuentro de dos perros adultos. Los animales responderán bien a los premios, y será una buena forma de distraerlos si están demasiado tensos entre sí.

Durante la presentación, observa bien a todos para ver si erizan el pelo del lomo. Esta es una de las primeras señales obvias de que un perro está incómodo. De ser así tendrás que retroceder un poco con las presentaciones. Primero llama a tu perro actual y muéstrales las golosinas. Nunca tires de las correas para separarlos, esto solo agregará tensión física a la situación y podría desencadenar una pelea.

Si alguno está mostrando los dientes o gruñendo, llama a tu perro y dé a los demás la oportunidad de calmarse primero. Usa las golosinas y háblales con un tono tranquilizador para lograr que se relajen. Quieres que todos se sientan cómodos durante el primer encuentro, pero no puedes forzar la amistad. Si parecen incómodos o cautelosos al principio, deberás dejarlos avanzar a su propio ritmo.

Perros mayores y tu cachorro Cane Corso

Si tu perro es mayor, ten en cuenta que los cachorros son enérgicos y probablemente seguirán tratando de involucrarlo en el juego. Esto puede ser muy agotador para él, por eso asegúrate de que el cachorro no lo moleste mucho. Obsérvalo para darte cuenta cuando necesita un tiempo a solas, contigo o un descanso del cachorro.

Una vez que tu Cane Corso esté listo para dejar el espacio que le asignaste cuando cachorro, tendrás que asegurarte de que tu perro mayor tenga lugares seguros donde estar solo. Esto ayudará a que no lo estés regañando todo el tiempo y que aprenda a ser respetuoso con los perros mayores.

Agresión y comportamientos territoriales

«No debes tolerar ningún tipo de agresión entre tu Corso y tus otras mascotas, ya que es poco probable que se resuelva».

Christy Tripp
Tripp's Cane Corsi

Una de las razones por las que las personas adoptan un Cane Corso es para tener un perro que los proteja. Esto puede hacerte sentir seguro, pero también hace que la socialización sea complicada. Esta es una raza a la que le gusta dominar y tener el control, lo que puede ser difícil si ya tienes otros perros y gatos en casa que están acostumbrados a cierto tipo de orden jerárquico.

Hay dos tipos de agresión que debes tener en cuenta:

- Agresión por dominancia: es cuando quiere demostrar control sobre otro animal o persona y se demuestra a través de los siguientes comportamientos en reacción a cualquiera que se acerque a sus pertenencias (como juguetes o comida):

  - Gruñir

  - Mordisquear

  - Intentar morder

Este es el tipo de comportamiento que el líder de la manada tiene para advertir a otros que no deben tocar sus cosas. Si tu Cane Corso reacciona así cuando tú, un miembro de la familia u otra mascota se acerca a sus cosas, siempre debes intervenir de inmediato, corregirlo con un «No», y luego elogiarlo cuando se detenga.

No lo dejes solo con otras personas, perros o animales si notas que se comporta así. Intentará traspasar límites, y si no estás allí para intervenir, probablemente tratará de dominar al resto. Una vez que lo hayas entrenado y estés seguro de que ya no tendrá este comportamiento, puedes dejar a tu perro y al Cane Corso solos por períodos cortos, mientas estás en otra habitación o en algún lugar cercano sin que te vean. Con el tiempo, podrás dejarlos cuando vayas a buscar el correo y luego cuando hagas recados. Eventualmente, podrás dejar a tu Cane Corso solo sin preocuparte de que él o uno de sus otros perros se sienta obligado a mostrar dominio.

Foto cortesía de
Laura Foxon and Joshua Szukalski

- Los machos tienden a ser más agresivos hacia otros perros machos. Si tienes un cachorro, pregúntale a tu veterinario cuándo puedes castrarlo para reducir esta tendencia. Esto no solo ayudará a mantener la paz en el hogar, sino que también hará que los paseos sean un poco más fáciles.

Tu Cane Corso tendrá que aprender que el hogar no es solo suyo. Pertenece a las personas y a las otras mascotas también. La naturaleza territorial de la raza puede dificultar tener otros perros de visita, a menos que estén socializados.

Instintos de presa

«Los Corso tienen un instinto natural de caza y pastoreo, así que, si permites que persiga a tus mascotas más pequeñas, siempre lo hará. Si corriges este comportamiento las primeras veces, aprenderá que no se le permite perseguir».

Vicky Glisson
Cape Fear Cane Corso

Durante gran parte de la historia de esta raza, los Cane Corsos han perseguido a otros animales, es decir que tienen un alto instinto de presa por naturaleza. Si tienes animales pequeños, especialmente gatos, esto puede ser un problema y no es aconsejable adoptar un Cane Corso adulto (a menos que estés cien por ciento seguro de que no lo perseguirá). Deberás socializar a tu cachorro con el gato mucho antes de permitirle correr por la casa. Siempre debes estar presente cuando interactúen para poder corregir cualquier comportamiento indeseado.

Si tienes otras mascotas pequeñas, deberás mantenerlas en áreas donde el Cane Corso no pueda acceder. Recuerda que a animales como conejos, hurones o hámsteres no se los puede entrenar, y tu cachorro, por instinto, podría matarlos.

Si se encuentran el jardín, necesitarás una valla alta (que no sea eléctrica ya que los Cane Corsos la atravesarán) que divida el espacio donde mantendrás a los más pequeños y el resto de la casa. Esto será lo más seguro para todos.

Hora de comer

Tu cachorro Cane Corso comerá en su espacio, por lo que, al principio, no habrá ningún problema. Cuando comiences a alimentarlo junto con los otros perros, las siguientes indicaciones te serán útiles para reducir cualquier comportamiento territorial.

1. Aliméntalo al mismo tiempo que a los otros perros, pero en diferentes lugares. Mantenerlos separados permitirá que tu Cane Corso coma sin distracciones y sin el miedo de que toquen lo que está en su plato. Asegúrate de que todos ya tengan su lugar designado.

2. Haz que todos permanezcan en su espacio hasta que terminen su comida y que los platos queden vacíos, así no sentirán la necesidad de protegerlo.

3. Es aconsejable que tener a alguien siempre cerca del perro cuando come así aprende a no gruñir a las personas cerca del plato. Esto ayudará a reducir el estrés cuando los otros perros estén cerca de la comida. Si tu Cane Corso muestra una actitud agresiva, corrígelo de inmediato con un «No» y luego elógialo cuando se detenga. Asegúrate de que nadie juegue con su plato, para que entienda que nadie va a intentar robar su comida.

4. Haz el acercamiento de tus perros de una manera gradual. Por ejemplo, puedes alimentar a tu perro actual en un lado de la puerta cerca de la entrada y al Cane Corso en el lado opuesto.

5. Después de uno o dos meses, ya es seguro alimentarlos en la misma habitación, pero con cierta distancia. Si el Cane Corso comienza a exhibir un comportamiento protector con los otros perros, corrígelo y elógialo cuando se detenga.

Eventualmente, puedes comenzar a alimentar a los perros cerca uno del otro. Puede tomar semanas o meses, dependiendo de la edad del Cane Corso cuando llega a tu hogar. Los cachorros requerirán menos tiempo porque ya estarán socializados, haciéndolos menos cautelosos. Eso no significa que no mostrarán comportamiento territorial, pero rápidamente se sentirán cómodos comiendo cerca del resto de su manada.

Si es adulto, podría llevar más tiempo, y no debes apresurarlo. Déjalo que primero se sienta con confianza antes de hacer cambios, incluso pequeños. Todos los perros pueden ser protectores con su comida, pero esto se exacerba en razas protectoras como el Cane Corso. Debe aprender que este comportamiento no es necesario alrededor de otros perros, lo que significa dejar que lo haga a su ritmo.

Foto cortesía de Mary Blankenship

CAPÍTULO 9.
Las primeras semanas

«Puede suceder que tu cachorro se vuelva dominante y comience a intimidar a los miembros más débiles de la 'manada' familiar, y no se lo debes permitir. El Cane Corso llegará a un hogar e inmediatamente evaluará a la familia, por eso es clave saber cómo ser el alfa. Este comportamiento se debe corregir mientras aún son pequeños y fáciles de controlar. Lo peor que puede suceder es que la familia permita este comportamiento, quizás sin reconocer la conducta alfa en el perro, y luego cuando tenga 2 años y pese 50 kg, estén preocupados porque les gruñe a los niños... no es una situación agradable, y se puede evitar fácilmente.»

Vicky Glisson
Cape Fear Cane Corso

Es probable que tu cachorro pase su primera semana en casa alternando entre la excitación y el nerviosismo (aunque la mayor parte del tiempo estará durmiendo). Después de aprender que tu hogar es su casa, comenzará a mostrar más personalidad e interés en su nuevo mundo. Si bien su inteligencia hará que sea fácil de adiestrar, también será propenso a meterse en problemas. Debes hacer que se sienta cómodo dándole mucha atención para hacerle saber que está donde pertenece.

El vínculo que construyas en esa primera semana se desarrollará durante el primer mes. Al final del cual, tu cachorro debería estar durmiendo toda la noche y comprender dónde debe hacer sus necesidades (aunque quizás lleve más tiempo). Por otro lado, a esta altura tú ya entenderás su personalidad, lo que facilitará consolarlo cuando llore o se queje.

El primer mes es cuando realmente tienes que prestar atención a la personalidad del cachorro. Este es el momento de comenzar a trabajar para detener o reducir cualquier comportamiento indeseable, particularmente los mordiscos, la agresión y el comportamiento territorial. Con su larga historia de lealtad y obediencia, los Cane Corsos pueden ser fáciles de adiestrar una vez que aprenden que tú eres el jefe. La mayoría responden bien al refuerzo positivo que no se basa en la comida (aunque la prefieren por sobre el simple elogio, ¡les encanta comer!). Pero dado que durante esas primeras semanas no te dejará dormir bien, se te puede hacer difícil darle refuerzo positivo, por lo tanto, la comida funcionará como un sustituto en caso de que no puedas elogiarlo.

La clave es mantener la constancia: siempre que te apegues a las reglas y te mantengas firme, comenzarás a ver resultados, ya que esta raza es inteligente y hace caso a la persona a cargo. Utiliza lo que aprendes sobre su personalidad para fomentar el buen comportamiento.

Establecer las reglas y ser constante

Tu cachorro necesita entender las reglas y saber que tú y tu familia las toman en serio, para eso es necesario ser firme y constante. Si no, lo único que harás es lidiar con muchos problemas y todos serán infelices. Una vez que tu canino aprenda a escucharte, adiestrarlo será lo mejor de su día.

Dos reglas muy importantes: no se salta y no se muerde

Mordisqueo

Todos los cachorros mordisquean, pero razas como el Cane Corso requieren más atención debido a su extensa historia como perros de pelea y de trabajo. Parte del manejo del ganado implica mordisquear y mantenerlos en línea. Pero cuando está completamente desarrollado, su mordida puede causar lesiones graves. Por eso es clave detener el comportamiento de mordisqueo desde el principio.

Uno de los desencadenantes es la sobreestimulación, que puede ser una de las señales de que tu cachorro está demasiado cansado para seguir jugando o entrenando y deberías acostarlo.

Otra causa podría ser que tiene demasiada energía. Si este es el caso, llévalo afuera para que la queme. Pero, ten cuidado de no ejercitarlo demasiado.

El adiestramiento en obediencia es la mejor manera de lidiar con el mordisqueo. Dado que los cachorros pueden no estar listos para ese tipo de adiestramiento en el primer mes, debes observarlo y hacerle saber que el mordisqueo no es aceptable. Algunas personas recomiendan usar un atomizador de agua y rociarlo mientras dices «No». Este es uno de los pocos

Foto cortesía de
Siobhan Clarkson

momentos en que el castigo puede ser efectivo, pero debes tener cuidado de asociarlo solo al mordisqueo.

Siempre dile «No» con firmeza cuando esté mordisqueando, incluso si es durante el juego. También debes alejarte y decir «¡Ay!» en voz alta para que tu cachorro sepa que sus dientes te están lastimando. Esto también ayudará a desalentar ese comportamiento.

Masticar

Masticar puede ser un problema y uno muy costoso. Ya sea que esté masticando tus muebles, utensilios o ropa, querrás que no lo haga. Asegúrate de tener juguetes para tu Cane Corso (ya sea adulto o cachorro) para que puedas enseñarle qué sí puede masticar.

Por lo general, observarlo cuando no está en su espacio designado te ayudará a ver cuándo está masticando cosas que no debería. Cuando esto suceda, dile «No» con firmeza. Si continúa haciéndolo, ponlo de nuevo en su espacio. Mientras esté allí, dale muchos juguetes para masticar.

Si decides usar repelentes, ten en cuenta que a algunos perros no les importará que un objeto tenga mal sabor, lo masticarán de todos modos. No esperes que solo deje de masticar, debes asegurarte de que el mal hábito esté roto.

Saltar

«No permitas que salte sobre ti u otras personas: son animales grandes y un salto inesperado puede causar lesiones a niños y ancianos.»

Sabastian Freitas
Freitas Cane Corsos

Puedes usar los mismos métodos para enseñarle a tu perro a no saltar sobre las personas, ya que con un Cane Corso de 45 kg puede ser muy peligroso.

Los perros por lo general saltan sobre las personas cuando las saludan por primera vez. Usa las siguientes indicaciones cuando tengas visita (y si alguien te puede ayudar, el adiestramiento será mucho más fácil).

1. Ponle la correa cuando la persona llame a la puerta o toque el timbre. Esto emocionará a la mayoría de los perros, especialmente a los cachorros.

2. Deje entrar a la persona, pero no te le acerques con el cachorro hasta que se calme.

3. Elógialo mucho cuando mantenga las cuatro patas en el suelo. Acércate al visitante solo después de que tu Cane Corso esté calmado.

4. Si salta o empieza a girar, solo ignóralo y no lo corrijas verbalmente. Esto será mucho más disuasivo que cualquier palabra que puedas decir.

5. Dale algo para que sostenga en su boca si no se calma. A veces los perros solo necesitan una tarea para reducir su emoción. Un animal de peluche o una pelota son ideales para distraerlo.

6. Agáchate y acarícialo. Tener a alguien a su nivel le hará sentir que lo incluyen. También le puedes permitir que olfatee tu cara, lo que es parte de un saludo adecuado. Si la persona que te visita está dispuesta a ayudar, este reconocimiento puede ser un elemento disuasivo para saltar, ya que estará a su nivel.

Adiestramiento basado en recompensas o adiestramiento basado en disciplina

Otros capítulos detallan los diversos aspectos del adiestramiento, pero es importante tener en cuenta cuánto más eficiente es adiestrar con recompensas que con castigos. Esto será un desafío particular ya que los cachorros pueden ser dispersos y se distraen fácilmente. Es importante recordar que tu cachorro es joven, por lo que necesitas mantener la calma y aprender cuándo necesita tomar un descanso del adiestramiento.

Varios aspectos en los que deberás trabajar durante el primer mes:

- Adiestramiento para hacer sus necesidades (Capítulo 10)

- Adiestramiento con jaula (Capítulo 5)

- Ladridos (Capítulo 12)

- Protección (no comenzará esto durante el primer mes, pero deberás comenzar a evaluarlo si deseas que tu perro sea un protector ideal) (Capítulo 12)

Averigua cuánto hizo el criador en términos de adiestramiento para hacer sus necesidades y otras áreas similares. Los mejores criadores incluso pueden enseñarles uno o dos comandos antes de que se vayan con la nueva familia. Si este es el caso, sigue usándolos para que el adiestramiento temprano no se pierda. Esto puede ayudarte a establecer el tono correcto a usar, ya que el cachorro ya sabrá lo que significan las palabras y cómo reaccionar ante ellas. Una vez que entienda eso, captará más rápidamente otros usos de ese tono como la forma en que hablas cuando lo estás adiestrando. Es otra manera excelente de hacerle saber cuándo hablas en serio o cuándo quieres jugar. Este tipo de distinciones son captadas por los Cane Corsos y estará más que feliz de complacerte.

Ansiedad por separación en perros y cachorros

Los Cane Corsos pueden tener una ansiedad por separación sustancial, y pueden ser muy destructivos si se les deja solos durante mucho tiempo. Este problema varía según la raza. Si le das a tu perro de trabajo algo que hacer mientras no estás, la sensación de separación no será tan intensa; solo se aburrirá. Aun así, es un problema muy normal, por lo que debes hacerle entender que tu ausencia no significa que no regresarás.

Al principio, trata de que siempre esté acompañado. Los sonidos de personas alrededor de la casa lo ayudarán a entender que la separación no es permanente. Después de la primera semana más o menos, se puede quedar solo cuando tengas que salir a buscar el correo; luego puedes alargar la cantidad de tiempo hasta que esté solo durante unos 30 minutos aproximadamente a la vez.

Aquí hay algunas pautas básicas para cuando comiences a dejar a tu cachorro solo.

- Sácalo unos 30 minutos antes de irte.
- Haz que se canse con ejercicio o juegos para que no note tanto tu partida.
- Ponlo en su espacio designado mucho antes de salir para evitar que lo asocie con algo malo.
- No le des atención extra justo antes de irte porque esto refuerza la idea de que le das atención antes de que suceda algo malo.
- Evita regañarlo si se portó mal mientras tú no estabas en casa, eso hará que se estrese cada vez que vuelvas.

Si tu Cane Corso muestra signos de ansiedad por separación, hay varias cosas que puedes hacer para ayudarlo a sentirse cómodo durante tu ausencia.

- Los juguetes para masticar pueden distraerlo mientras no estás.

Foto cortesía de
Molly Cunningham

- Una manta o camisa con tu olor o el de otros miembros de la familia también puede consolarlo. Si has usado la prenda y no se ha ensuciado mucho, esto es ideal, solo asegúrate de que no haya estado en contacto con productos químicos. También debes asegurarte de que no se la coma. Dale una prenda que sabes que no volverás a usar, en caso de que la haga pedazos.

- Deje el área bien iluminada, incluso si es durante el día. Si sucediera algo y llegaras a casa más tarde, no querrás que tu Cane Corso esté en la oscuridad.

- Enciende un equipo de música (la música clásica es la mejor) o televisión (programas antiguos que no tienen ruidos fuertes) para que la casa no esté completamente en silencio y los ruidos desconocidos sean menos obvios.

Agarrar las llaves, el bolso, la billetera y otros movimientos que son indicio de que te estás por ir, rápidamente se convertirán en desencadenantes que pueden hacer que tu Cane Corso se sienta ansioso. Pero solo actúa con normalidad, y con el tiempo entenderá que tu partida es algo normal o habitual, y que todo estará bien.

No te excedas con el adiestramiento

Un cachorro cansado es muy parecido a un niño cansado; tienes que evitar que se agote o sobrecargue. Debes tener cuidado de no dañar sus huesos en crecimiento. Tu cachorro probablemente pensará que dormir es innecesario, sin importar cuán cansado esté. Depende de ti darte cuenta de cuándo hay que detener todas las actividades y acostarlo para un descanso.

El tiempo y la intensidad del adiestramiento se debe incrementar en base a lo que tu cachorro o perro pueda manejar. No lo presiones y no lo confundas con comandos demasiado avanzados. Si continúas el adiestramiento más allá de sus niveles de energía, lo que aprenda no será lo que quieres enseñarle. A esta edad, las sesiones deben ser cortas y constantes.

Los paseos serán mucho más cortos durante ese primer mes. Cuando salgas, no te alejes mucho de casa. No te preocupes, al final del mes, tu cachorro tendrá mucha más resistencia para poder disfrutar de caminatas más largas y viajes cortos. Al final del primer año, debería poder ir a trotar, dependiendo del consejo del veterinario. También puedes hacerlo correr en el patio con la correa puesta si tiene mucha energía extra, lo que también ayudara a que aprenda cómo comportarse con la correa mientras

Foto cortesía de
Jessica Tarrant

corre. Los cachorros tienden a querer atacar la correa porque es una distracción para correr libremente.

El hecho de que tu cachorro no pueda dar largos paseos al principio no significa que no tendrá mucha energía. El ejercicio diario será esencial, pero debes asegurarte de que no esté haciendo demasiado. Recuerda, es una raza muy inteligente, lo que significa que se meterá en problemas cuando se aburra, y si tiene esos hábitos como adulto, será difícil detener esos comportamientos indeseables, como masticar muebles y saltar sobre las personas cuando está emocionado. Mantenerse activo lo ayudará no solo a estar saludable, sino a estar mentalmente estimulado. Si nunca tuviste un perro, te darás cuenta de lo sedentario que eres, porque estarás en movimiento casi todo el tiempo que el cachorro esté despierto.

CAPÍTULO 10.
Entrenamiento para hacer sus necesidades

«Los Cane Corso son criaturas de hábitos y se adiestran fácilmente (si se hace de la manera correcta). Establece una rutina repetitiva. Por ejemplo, sácalo cada mañana y después de que coma o beba. Utiliza órdenes o palabras clave sencillas. Estará ansioso por complacerte y deseoso de salir. Ten paciencia y descubrirás que se puede adaptar bien si sabes cómo adiestrarlo. Los Corso son perros muy afectuosos y pueden ser sensibles, ¡así que no te enojes!»

Sabastian Freitas
Freitas Cane Corsos

Sin duda el adiestramiento para hacer sus necesidades es una de las peores partes de traer un cachorro a casa: es desagradable y pone a prueba tu paciencia. Debes mantener la calma cuando tu cachorro parece no entender exactamente lo que quieres que haga. A pesar de lo difícil que resulta, debes estar tranquilo para transmitirle cual es el objetivo.

Enseñarle esto a un cachorro requiere de tu supervisión durante los primeros meses (incluso si tienes jardín). Por eso es tan importante establecer un horario y mantenerlo.

Utilizar una correa puede ser muy útil para que tu cachorro aprenda cuándo y dónde hacer sus necesidades, aunque tendrás que seguir trabajando para establecer una jerarquía y hacer que te haga caso.

Aplicar estas dos reglas puede ser de mucha utilidad.

1. A los perros no les gusta tener su espacio sucio, por lo que no es probable que haga sus necesidades dentro de la jaula o cerca de su cama. Por lo tanto, no es recomendable que lo dejes deambular solo por la casa.

2. Asegúrate de que tu cachorro pueda acceder fácilmente a su lugar designado para hacer sus necesidades. Durante el día y la noche necesitarás salir varias veces para guiarlo, asique cuando lo hagas,

ponle una correa para poder señalarle en qué parte del jardín tiene que ir al baño.

Comienza siempre con un plan de adiestramiento, y se firme para mantener ese horario. Recuerda, tú debes ser su guía a durante todo el proceso.

Dentro o fuera: opciones y consideraciones para el entrenamiento de control de esfínteres

Si el criador ya había comenzado con el entrenamiento, mantén su método. Cambiarlo hará que tu Cane Corso se confunda o crea que es opcional.

Tienes varias opciones:

- Empapadores: deben estar a mano por toda la casa, incluso en el área del cachorro, pero tan lejos de su cama como sea posible.

Foto cortesía de William White

91

- Salidas regulares: organízalas según el horario de sueño y alimentación del cachorro.

- Recompensas: puedes usar premios al principio, pero cámbialos por elogios en cuanto puedas.

Al principio, la mejor manera de enseñarle a tu perro a hacer sus necesidades es salir muchas veces, incluso por la noche, para que aprenda que siempre debe hacer afuera de la casa. Durante los primeros meses, es mejor usar una correa cuando lo saques, ya que lo ayudará a que aprenda a caminar con correa y evitará que se distraiga.

Una advertencia: no lo elogies hasta que haya terminado de hacer sus necesidades. Interrumpirlo a mitad del proceso puede hacer que se distraiga y se detenga, aumentando las probabilidades de que tenga un accidente dentro de tu casa.

Establecer un horario

Siempre tienes que observar a tu cachorro y hacer sesiones de entrenamiento:

- Después de comer

- Después de despertar por la mañana o de cada siesta

- Según un horario (una vez establecido)

Observa a tu Cane Corso y fíjate si se pone a olfatear o dar vueltas: estas son dos señales muy comunes cuando un cachorro está buscando un lugar para hacer sus necesidades. Por eso es clave que adaptes tu horario a sus necesidades únicas.

Los cachorros tienen vejigas pequeñas y poco control en los primeros días. Si tienes que enseñarle a que vaya al baño dentro, debe haber un único espacio designado con un empapador limpio, que es mejor y más absorbente que un periódico. Deberás planificar la transición para salir lo más rápido posible antes de que aprenda que hacer sus necesidades dentro es aceptable.

Elegir una ubicación

Un espacio designado para el baño puede ayudar a facilitar la experiencia de entrenamiento porque el Cane Corso comenzará a asociar un área del jardín para ese único propósito, en lugar de olfatear hasta encontrar un lugar de su elección. Hacer que vaya de manera regular a un mismo lugar también hará que la limpieza sea mucho más simple; de esta manera, puedes quedarte tranquilo de que no estarás pisando desechos cuando salgas.

Cuando sales a pasear es el momento perfecto para enseñarle a hacer sus necesidades. Entre los paseos y el jardín, tu cachorro llegará a ver la correa como una señal de que es hora de ir al baño. Dado que los Cane Corso son tan inteligentes, no le llevará mucho tiempo entender la correlación.

Préstale mucha atención durante el tiempo que estén fuera. Tienes que hacerle entender que el propósito de salir es hacer sus necesidades. No es suficiente con solo dejarlo salir, sino que debes verificar que se concentre y lo haga, por lo menos hasta que no haya más accidentes en el hogar.

Entrenamiento con palabras clave

Todo adiestramiento debe incluir palabras clave, incluso el entrenamiento de control de esfínteres. Tú y todos los miembros de la familia deben saber qué palabras usar cuando le enseñen a tu perro dónde hacer sus necesidades, y todos deben usar esas palabras de manera constante.

Para evitar confusiones, ten cuidado de no usar palabras que uses con frecuencia dentro del hogar. Usa una frase como «a trabajar», no algo que involucre la palabra baño o pipi, ya que son palabras que probablemente dirás dentro de casa, lo que podría generar que haga sus necesidades cuando no quieres que las haga. En cambio, «a trabajar» no es una frase que la mayoría de las personas usen en su rutina diaria.

Una vez que tu cachorro aprenda a usar el baño basándose en la orden, asegúrate de que haya terminado antes de elogiarlo o recompensarlo.

Recompensa el buen comportamiento con refuerzo positivo

El refuerzo positivo es muy efectivo con los Cane Corso. Al principio, lleva algunas croquetas cuando le estés enseñando dónde ir, tanto dentro como fuera del hogar. Si aprende que tú eres quien está a cargo buscará que le des señales e instrucciones.

Parte de ser constante con el adiestramiento significa elogiar a tu cachorro cada vez que hace lo correcto. Si lo guías hacia el lugar designado con una correa, con el tiempo aprenderá que debe ir allí para ir el baño. Una vez que salgas, anímalo a que haga sus necesidades; cuando termine, elógialo y acarícialo mientras le hablas para que sepa que hizo un buen trabajo. Una vez que termine, entra de inmediato a la casa, ya que este no se trata de un momento de juego. Tu cachorro debe asociar ciertas salidas solo con hacer sus necesidades.

El elogio es mucho más efectivo para los Cane Corso, pero también puedes darle un premio después de algunas salidas exitosas. No es recomendable darle un premio después de cada salida, la lección es salir, y eso puede incluir premios ocasionalmente.

La mejor manera de adiestrarlo en ese primer o segundo mes es salir cada una o dos horas, incluso por la noche. Necesitarás programar una alarma para despertarte y sacar al cachorro. Usa la correa para mantener el enfoque en hacer sus necesidades, dale los mismos elogios, luego regresa de inmediato y ve a dormir. Es difícil, pero tu Cane Corso lo entenderá mucho más rápido si no pasa tanto tiempo entre las pausas para ir al baño. Con el tiempo, necesitará salir con menos frecuencia, y tú podrás descansar más.

Si tu perro tiene un accidente, es importante que no lo castigues, ya que refleja el adiestramiento que le diste y el horario en el que enseñaste. Dicho esto, los accidentes son prácticamente inevitables. Cuando ocurra, dile a tu cachorro: «No. ¡Pipi afuera!» y limpia inmediatamente. Una vez hecho esto, llévalo afuera para hacer sus necesidades. Por supuesto, si no va al baño, no recibe ningún elogio.

Limpieza

Limpia cualquier accidente dentro de casa tan pronto como lo veas. A menos que justo lo encuentres en el acto, no tiene sentido el refuerzo negativo. Llévalo afuera en su lugar y mira si hace sus necesidades. Si hay alguien en casa, es mejor limpiar lo más rápido posible.

Presta atención a cuándo esto ocurre y determina si hay un patrón en común. Quizás necesites agregar una salida durante el día o hacer un cambio en el horario de paseo. O tal vez hay algo que está asustando a tu perro, causando un accidente.

Limpia el jardín después de que haga sus necesidades. Incluso si va a una sola parte del jardín, nunca debes dejar que se ensucie. Tu cachorro no debe caminar sobre sus propios desechos. En excepciones, como tormentas o nevadas, puedes dejarlos por uno o días como máximo.

CAPÍTULO 11.
Socialización

«El comportamiento no deseado más común en los Cane Corso es la agresión hacia otros perros, y es el más difícil de corregir. Socialízalo y corrige cualquier comportamiento negativo cuando es pequeño. Nunca se debe tolerar la agresión hacia las personas. Esta raza es naturalmente protectoraa, pero esto no debe confundirse con agresión. Si el comportamiento continúa después de los 5 o 6 meses, busca la ayuda de adiestradores profesionales».

Christy Tripp
Tripp's Cane Corsi

Los Cane Corsos son intrépidos y tienen un fuerte deseo de proteger a su manada. Esta es una de las razones por las que las personas desean incorporar a este perro a su familia; un perro grande y protector puede ayudar a que tu hogar se sienta mucho más seguro. Sin embargo, como es un miembro de la familia, querrás que sea feliz alrededor de otras personas y perros, y que aprenda que la gran mayoría de ellos no representan una amenaza. La socialización permite que tu cachorro Cane Corso aprenda que puede ser muy divertido jugar con las visitas y con los caninos que encuentra durante sus paseos. Para enseñarle que el mundo es en realidad algo para disfrutar y no algo de lo que debe estar receloso, debes planificar comenzar la socialización desde una edad muy temprana. Solo recuerda que antes de exponerlo a otros animales, debe tener todas las vacunas necesarias.

Haz de la socialización una experiencia positiva

«Comienza cuando son cachorros. La mayoría de los Corso (si se crían con otros perros o animales) se adaptan bien. Asegúrate de que cada experiencia sea buena y positiva, ya que si no lo son pueden generarle agresión y miedo hacia la otra mascota a medida que crece».

Tina Frey
Cypress Arrow Kennels

La socialización es importante para todos los perros, pero para las razas guardianas, como el Cane Corso, el Pastor Alemán, el Rottweiler y el Doberman Pinscher, es crítica. Aunque su reputación no es acertada (son tan cariñosos y afectuosos como un Labrador o un Collie), tienden a ser precavidos con los extraños y otros animales. No socializar adecuadamente a tu Cane Corso puede resultar en un perro adulto muy peligroso y dominante. No buscarán pelear con los perros que encuentren, pero querrán que sepan que ellos están al mando.

El beneficio de la socialización temprana es que puede hacerle la vida mucho más agradable, tanto al perro como a toda la familia. Ten en cuenta que el resto de las reglas siguen aplicándose durante este proceso.

Cómo enseñarle a saludar a desconocidos

«Aunque los parques para perros pueden ser una herramienta para socializar a tu cachorro, debe hacerse con cuidado. Algunos perros no están adiestrados ni socializados, y esto podría generar una respuesta temerosa o agresiva ».

Christy Tripp
Tripp's Cane Corsi

Saludar a desconocidos puede ser complicado con el Cane Corso, particularmente cuando está en casa, ya que, además de ser cauteloso, tendrá una actitud territorial con los extraños. Adiestrarlo sobre cómo tratar a los visitantes puede llevar un poco más de tiempo porque es posible que no quiera mucha atención, o tal vez sí. Algunos prefieren analizar a los extraños antes de interactuar: aman a su familia y ven a los visitantes más como una interrupción de su tiempo juntos. Otros verán que disfrutas de la interacción y querrán ser parte de ella. Cualquiera de estas actitudes está perfectamente bien, siempre y cuando tu Cane Corso aprenda que las personas que invitas a tu hogar son confiables.

Para presentar a tu cachorro a una nueva persona, prueba uno de estos métodos:

1. Intenta que conozca a nuevas personas diariamente, si es posible. Esto podría ser durante paseos o mientras realiza otras actividades fuera de casa. Si no, trata de que sean al menos 4 veces por semana.

2. Invita a amigos y familiares, y permíteles pasar unos minutos con el cachorro y que hagan su actividad o juego favorito. Esto hará que entre en confianza y le enseñará que las nuevas personas son divertidas y seguras.

3. Una vez que tu cachorro tenga la edad suficiente para aprender trucos (después del primer mes), haz que se los demuestre a los visitantes. Esto será importante a medida que crezca, porque muchos se pueden poner nerviosos alrededor de perros más grandes. Una demostración de trucos les ayuda a ver que tu perro es tan juguetón como otros perros.

4. Evita las multitudes durante los primeros meses. Cuando tu cachorro tenga varios meses o un año, puedes asistir a algunos eventos caninos para que aprenda a sentirse cómodo alrededor de un grupo grande de personas.

Período de regresión durante la madurez sexual

En los perros más grandes como el Cane Corso, la madurez sexual generalmente ocurre un poco más tarde que en el resto de las razas. Puede comenzar a los seis meses, pero algunos no la alcanzan hasta los 14 meses.

Durante este período, tu Cane Corso puede comenzar a mostrar cambios en su personalidad, como volverse protector y territorial. Además, puede volverse más tímido y precavido con personas y perros desconocidos. La mejor manera de lidiar con esto es dejar que supere esa aprensión y miedo, pero no le digas que está bien. Es probable que tu perro lo tome como una aprobación para estar asustado o agresivo. En cambio, actúa como siempre para demostrarle que nada ha cambiado: al no abordar el miedo, lo estás ayudando a volver a su comportamiento normal mucho más rápido.

A medida que alcanza la madurez sexual, es menos probable que tu Cane Corso se concentre durante el adiestramiento. Imagínalo como un adolescente pasando por la pubertad. Por eso deberás ajustar las sesiones para asegurarte de que el entrenamiento sea productivo. Ten paciencia durante este tiempo porque necesitas que su vínculo se mantenga fuerte, aun si tienes que readiestrarlo después de este período. Adécuate a su nivel de concentración, incluso si eso significa repasar lo mismo una y otra vez. Como el Cane Corso es inteligente, puede ser una buena idea introducir algo nuevo y fácil como una forma de mantenerlo activo. Cada perro es diferente, por lo que no existe una manera específica de abordar el adiestramiento.

Si esterilizas a tu perro antes de que alcance la madurez sexual, tendrás menos problemas o no serán tan evidentes. Sin embargo, la castración y esterilización podrían no reducir la agresión. Si el criador requiere que tu perro pase por alguno de estos procedimientos, quizás ayude a disminuir su falta de concentración, pero recuerda que, de todas maneras, estará pasando por muchos cambios que afectarán su personalidad.

La importancia de continuar con la socialización

Incluso si socializas adecuadamente a tu Cane Corso desde cachorro, debes continuarla a lo largo de su vida para asegurarte de que siga sintiéndose cómodo con el mundo que lo rodea. Haz que familiares y amigos te visiten regularmente, y si pueden, que traigan a sus perros, para que tu cachorro no olvide que tu hogar es un lugar seguro y no es necesario que se vuelva protector. Ese comportamiento solo será válido cuando alguien irrumpa en la casa, no cuando haya invitados.

Socializar a un perro adulto

A veces, un perro adulto estará demasiado arraigado en sus costumbres para cambiar, y más aún si está en sus años dorados. Sin embargo, la mayoría pueden ser socializados siempre que lo conviertas en tu máxima prioridad (junto con el adiestramiento). Lo que hace que esto sea complicado no es la naturaleza protectora de la raza, sino que tu Cane Corso adulto

Foto cortesía de
Zina Purvis

pesa más de 45 kg, lo que significa que tienes que anticiparte a cualquier situación que pueda desencadenar una mala reacción. Tienes que detenerlo antes de que comience a correr, porque para él es muy difícil frenar.

Socializar a un canino adulto requiere mucho tiempo, dedicación, adiestramiento y un enfoque firme. Puedes tener la suerte de conseguir un adulto que ya esté bien socializado.

1. Antes de trabajar en la socialización, tu perro debe ser experto en las siguientes órdenes:

    a. «Sentado»

    b. «Echado»

    c. «Junto»

Si tu perro puede permanecer en un lugar siguiendo tus órdenes, entonces está demostrando autocontrol, algo que será muy útil para la socialización porque puede superar ese impulso agresivo al activar el modo de escucha. Cuando salgas, deberás estar alerta sobre el entorno (tu Cane Corso definitivamente lo estará), y ser capaz de darle órdenes antes de que otro perro o persona se le acerquen.

2. Usa una correa corta y un bozal en los paseos. Si tienes personas o mascotas de visita, es posible que también debas ponerle el bozal. No es aconsejable usar un collar de ahorque, ya que aprenderá que solo debe portarse bien cuando lo lleva puesto.

3. Cambia de dirección si notas que tu Cane Corso no está reaccionando bien a una persona o perro en particular que se acerca. Evitar esas situaciones puede ser una solución temporal hasta que aprenda a manejar mejor la presencia de extraños.

Si no puedes tomar una dirección diferente, dile a tu perro que se siente, luego bloquea su vista. Esto puede resultar muy desafiante ya que intentará mirar a su alrededor. Participa en el adiestramiento para hacer que te escuche, y así desviar su atención de lo que se acerca hacia él.

4. Pídele a amigos con perros amigables que te visiten, luego reúnanse en un espacio cerrado. Hacer que interactúen entre sí puede ayudar a tu Cane Corso a ver que no todos los perros son peligrosos. Durante las primeras visitas, que deben ser cortas, debe tener el bozal puesto. Hacer que caminen juntos puede ayudar a que aprenda que otros perros por lo general solo están interesados en disfrutar del exterior, y no en atacarlo a él o a ti. Al aprender que otros caninos no son una amenaza, tu perro podrá relajarse.

5. Prepara golosinas especiales solo para los paseos. Si tu Cane Corso es muy agresivo al caminar, haz que se siente y dale una de las golosinas. Estará motivado por la comida, por lo que esta podría ser una manera perfecta de distraerlo de lo que sea que lo haga sentir protector. Al primer gruñido o señal de agresión, activa la mentalidad de adiestramiento y aprovecha su deseo por esos premios. Este método es lento, pero es confiable con el tiempo porque aprende que la presencia de extraños y otros perros significan golosinas especiales, una experiencia positiva, no negativa.

A menos que adoptes un perro adulto que ya esté bien socializado, es probable que no lo puedas llevar a parques para perros u otras áreas al aire libre. El riesgo es alto con un perro tan grande con instintos protectores y territoriales. Las clases de adiestramiento especializadas para perros agresivos podrían ser bastante beneficiosas.

Si tienes problemas con tu perro adulto, consulta a un especialista en comportamiento o a un adiestrador especializado.

Cómo lidiar con el miedo

Los perros protectores tienen una reacción interesante al miedo. En lugar de acobardarse, tienden a volverse más agresivos. Las experiencias negativas pueden jugar un papel crucial en que un perro protector tenga reacciones negativas sin un desencadenante obvio, y al mismo tiempo, le pueden generar miedo en cualquier situación similar.

Determina a qué le tiene miedo tu perro y luego comienza a adiestrarlo para que se sienta menos temeroso. Cuando muestre una reacción neutral o positiva, elógialo mucho para fomentar esta reacción, en cambio, si muestra agresión, corrígelo y sácalo de la situación.

Siempre advierte a las personas que no se acerquen a tu perro, y menos aún si están con otros perros. No puedes saber si tendrá una reacción negativa, por lo que cualquier interacción debe ocurrir con tu permiso. A medida que las personas se acercan, puedes elogiar sus reacciones positivas, lo que refuerza la idea de que los desconocidos no representan algo malo. La supervisión constante puede ser agotadora, pero es tu responsabilidad, ya que esto forma parte de adoptar una raza protectora.

Si tu perro tiene reacciones negativas a ruidos fuertes u otros sonidos, evita salir cuando haya personas celebrando, en especial con fuegos artificiales. Puedes tratar de que se acostumbre practicando en casa: por ejemplo, mostrándole que la aspiradora no es algo malo. También, trata de evitar caminar cerca de carreteras donde los automóviles vayan a altas velocidades, esto puede hacer que se sienta temeroso del entorno.

CAPÍTULO 12.
Adiestramiento de tu Cane Corso

«Los Corsos son fáciles de adiestrar, si se hace correctamente. Ten siempre paciencia con ellos: no te enfades ni les grite, esto puede dificultar mucho su aprendizaje. Deben confiar en ti antes de que te puedan obedecer. Los Corsos se adaptan rápidamente a los hábitos, así que usa palabras simples de comando de manera constante, elógialos mucho, pero se firme, ¡y mantén siempre el control! Necesitan saber que tú eres el jefe o el líder de la manada».

Sabastian Freitas
Freitas Cane Corsos

Foto cortesía de Kayla Armenti

Tú y tu Cane Corso tendrán un adiestramiento de por vida, pero una vez que hayas establecido una buena relación de entrenamiento, probablemente descubrirás que es el mejor tiempo invertido. Esta es una raza que tiene energía e inteligencia, por lo que podrás encontrar muchas opciones sobre cómo adiestrarlo. Comandos como dar la vuelta, chocar los cinco y hacerse el muerto podrían llevar un poco más de tiempo para enseñar, pero podrá aprenderlos y le encantará presumir frente a todos. Traer objetos será el truco más fácil de aprender para tu Cane Corso, así que si te gusta jugar con el frisbee o la pelota, estará más que encantado de participar. Eso sí, debes enseñarle a no masticar el disco, la pelota o cualquier otro juguete.

Beneficios de un buen adiestramiento

«Como adiestrador, me gusta comenzar la obediencia estricta después de los 5 meses. Antes, debe ser tiempo de vinculación, comandos y entrenamientos simples, sin grandes expectativas. Un perro adulto nunca es demasiado viejo para adiestrarse, sin embargo, es más probable que se resista y no lo disfrute tanto como lo haría un cachorro. Siempre pongo como requisito que nuestros cachorros sean adiestrados y tengan estructura ANTES del primer año. Esto lo mantiene mucho más enfocado y concentrado en el aprendizaje».

Tina Frey
Cypress Arrow Kennels

Sin duda, el mayor beneficio del adiestramiento es que podrás mantener a tu Cane Corso bajo control. Además de facilitar la socialización y los paseos, podría ser una forma de salvarle la vida. Comprender los comandos ayudará a evitar que corra hacia la calle o responda a provocaciones de otros perros (o actúe como agresor).

También, es una excelente herramienta para crear vínculos. Les da tiempo de calidad juntos, además te ayuda a comprender su personalidad en desarrollo y a aprender qué tipos de recompensas funcionarán mejor para otras tareas, como la socialización.

El mejor beneficio de tener una base sólida para el adiestramiento es poder enseñarle a hacer muchas más cosas. Las razas inteligentes disfrutan aprendiendo, y esto puede incluso ser una forma de enseñarle a tu perro a iniciar cursos de entrenamiento (como aros), que son una excelente salida para su energía.

Elegir la recompensa adecuada

La recompensa adecuada para un Cane Corso será, en última instancia, el amor y el afecto. Los premios son la forma más fácil de hacer entender a un cachorro que realizar trucos es un buen comportamiento. Sin embargo, pronto necesitarás cambiar a un refuerzo secundario. Los elogios, tiempo de juego adicional y caricias extra son recompensas fantásticas, ya que les importa cómo te sientes y cómo reaccionas ante ellos. Sentarte a ver una película y dejar que se siente contigo es una gran recompensa después de una sesión intensa de entrenamiento. No solo aprendió, sino que ahora ambos pueden relajarse juntos.

Reconocimiento de su nombre

Con el tiempo, muchos inventamos múltiples nombres o apodos para nuestros perros. Sin embargo, antes de poder adiestrarlo, debes asegurarte de que pueda entender su nombre real.

1. Consigue algunos premios y muéstrale uno.

2. Di su nombre, inmediatamente di «Sí» (tu perro debe estar mirándote cuando hables), luego dale un premio.

3. Espera 10 segundos, luego muéstrale un premio y repite el paso 2.

Las sesiones no deben durar más de unos cinco minutos porque perderá la concentración o el interés. El reconocimiento del nombre es algo que puedes practicar varias veces al día. Después de haberlo hecho durante cinco a diez sesiones, el entrenamiento cambiará un poco.

1. Espera hasta que no te esté prestando atención.

2. Llámalo. Si tiene correa, dale un suave tirón para llamar su atención.

3. Di «Sí» y dale un premio cuando te mire.

Durante este tiempo, no pronuncies su nombre. Primero, el perro debe asociar su nombre solo con algo muy positivo, como los premios. Esto lo programará para que te escuche sin importar lo que esté sucediendo a su alrededor.

Es probable que tu Cane Corso reconozca su nombre en poco tiempo.

Comandos esenciales

Hay cinco comandos básicos que todos los perros deberían conocer y son la base para un vínculo bueno y fuerte. Para cuando tu cachorro los aprenda, será más obvio cuál es la correlación entre las palabras que dices y las acciones esperadas. Esto le dará pistas para entender nuevas palabras en términos de expectativa y, al mismo tiempo, hará que sea mucho más fácil entrenarlo en conceptos más complejos.

Entrena a tu cachorro para que realice los comandos en el orden en que aparecen en este capítulo. Sentarse es un comando básico, y algo que todos los perros ya hacen naturalmente. Como tienden a sentarse, es el más fácil de enseñar. Enseñar «déjalo» y «suéltalo» es mucho más complicado, y por lo general requiere que el cachorro luche contra un instinto o deseo. «Silencio» puede ser otro comando difícil, ya que los perros (particularmente los cachorros) tienden a ladrar. Estos dos comandos llevarán más tiempo, por lo que querrás tener las herramientas necesarias para que el aprendizaje sea exitoso.

Pautas básicas para el adiestramiento.

- Incluye a toda la familia en el adiestramiento del Cane Corso, ya que debe aprender a escuchar a cada miembro, y no solo a una o dos personas. Tener un horario de entrenamiento puede involucrar solo a un par de personas al principio, en especial si tienes niños. Siempre debe haber un adulto presente para el adiestramiento, pero incluir a un niño ayudará a reforzar la idea de que el cachorro debe escucharlos a todos en casa. También es una buena manera para que el padre supervise la interacción del niño con el cachorro para que todos jueguen de manera segura y sigan las reglas.

- Para comenzar, selecciona un área donde no haya distracciones ni mucho ruido. Deja tu teléfono y otros dispositivos fuera de alcance para mantener tu atención en el cachorro.

- Adopta una actitud positiva y entusiasta mientras lo entrenas. Tu cachorro captará tu entusiasmo y se concentrará mejor.

- Se constante y firme mientras enseñas.

- Lleva un premio especial a las primeras sesiones, como trozos de pollo o golosinas.

Sentado

Comienza con este comando cuando tu cachorro tenga alrededor de ocho semanas. Sigue estos pasos una vez que estén en su lugar de entrenamiento:

1. Sostén un premio.

2. Muévelo sobre la cabeza de tu cachorro. Esto hará que se mueva hacia atrás.

3. Dile «sentado» cuando su trasero toque el suelo.

Tener una segunda persona alrededor será útil, ya que pueden sentarse para mostrar lo que quiere decir.

Espera hasta que tu cachorro comience a sentarse y dilo mientras él o ella se sienta. Si termina de sentarse, elógialo. Naturalmente, esto hará que esté súper emocionado e inquieto, por lo que puede pasar un tiempo antes de que quiera sentarse de nuevo. Cuando llegue el momento, repite el proceso.

Va a tomar más de un par de sesiones para que el cachorro conecte sus palabras con las acciones. Los comandos son algo nuevo para él. Una vez que haya demostrado dominio sobre «sentado», comience a enseñar «echado».

Echado

Repite el mismo proceso que utilizaste para «sentado».

1. Dile que se siente.

2. Sostén el premio.

3. Bájalo hasta el suelo mientras tu perro lo olfatea y deja que lo lama. Pero si se levanta, comienza de nuevo.

4. Di «echado» cuando los codos del cachorro toquen el suelo, luego elógialo mientras dejas que coma el premio.

Espera hasta que comience a acostarse, luego di la palabra «echado». Si termina la acción, ofrécele su recompensa.

Probablemente tomará un poco menos de tiempo enseñar este comando.

Espera hasta que haya dominado «echado» antes de pasar a «quieto».

Quieto

«Quieto» es un comando vital, ya que puede evitar que tu cachorro corra hacia la calle o tenga una mala reacción hacia otros perros o personas. Es importante que haya dominado «sentado» y «echado» antes de enseñar «quieto». Aprender este comando va a ser más difícil ya que no es algo que tu cachorro haga naturalmente, así que debes tener paciencia para enseñárselo.

1. Dile que se «siente» o se «eche».

2. Al hacer esto, coloca tu mano frente a su cara.

3. Espera hasta que deje de intentar lamer tu mano antes de comenzar de nuevo.

4. Cuando se calme, da un paso atrás. Si tu cachorro no se está moviendo, di «quieto» y dale un premio y algunos elogios por quedarse.

Darle la recompensa quiere decir que el comando ha terminado y que debe quedarse en esa posición hasta que se lo indiques. Una vez que le des el permiso para moverse, no le des premios. «Ven» no debe usarse como la palabra de permiso, ya que es un comando utilizado para otra cosa.

Repite estos pasos, alejándote cada vez más del cachorro después de un comando exitoso. Una vez que lo entienda, comienza a entrenar «quieto» incluso si no se está moviendo. Extiende la cantidad de tiempo que el cachorro debe permanecer «quieto» para que entienda que quedarse así le pone fin al comando.

Cuando notes que lo ha dominado, comienza a entrenarlo para «ven».

Ven

Este es un comando que no puedes enseñarle hasta que haya aprendido los anteriores. Antes de comenzar la sesión de entrenamiento, decide si quieres usar «ven» o «aquí» para el comando. Se constante en las palabras que use.

Si está cerca de personas que están nerviosas con los perros, o encuentra un animal salvaje u otra distracción, este comando puede devolver la atención de tu cachorro hacia ti.

1. Ponle la correa.

2. Dile que se quede «quieto».

3. Aléjate del cachorro.

4. Di el comando que usarás para «ven» y dale un suave tirón de la correa hacia ti.

Repite estos pasos, generando una distancia mayor entre ustedes. Una vez que el cachorro parezca entenderlo, quítale la correa y comienza a una distancia cercana. Si no parece entender el comando, dale algunas pistas visuales sobre lo que quieres. Por ejemplo, puedes palmearte la pierna o chasquear los dedos. Tan pronto como vaya corriendo hacia ti, ofrécele una recompensa.

Bájate

Los Cane Corsos son enormes, por lo que es importante entrenarlo para que no se suba a los muebles, a los mostradores y a tu regazo (no son los perros falderos que piensan que son).

Este es un entrenamiento para el cual deberás estar preparado para hacerlo sobre la marcha. Tener premios a mano será esencial cuando lo veas subirse a muebles.

1. Espera a que ponga sus patas sobre algo en lo que no quieres que esté.

2. Di «Bájate» y aléjalo con un premio que no pueda alcanzar.

3. Di «Sí» y dale un premio tan pronto como sus cuatro patas toquen el suelo.

Repite esto cada vez que veas el comportamiento. Probablemente tomará unas seis repeticiones antes de que entienda que ya no debe realizar la acción. Con el tiempo, cambia de premios a elogios o algún juego.

Déjalo

Este es un comando de entrenamiento difícil, pero necesitas enseñárselo para cuando estén paseando y quieras que ignore a otras personas o perros.

1. Deja que tu perro vea que tienes premios en la mano, luego ciérrala. Tu puño debe estar lo suficientemente cerca para que pueda olerlo.

2. Di «Déjalo» cuando comience a olfatear.

3. Di «Sí» y dale un premio cuando aparte su cabeza. Al principio, seguro tome un tiempo, ya que tu perro querrá esos premios. Necesitarás persuadirlo para que responda rápidamente, por eso se recomiendan los premios solo al comienzo. Si pasa un minuto o más después de dar el comando, puedes hacerlo de nuevo, pero asegúrate de que esté enfocado en ti y no se distraiga.

Estas sesiones solo deben durar unos cinco minutos y tu perro tardará algún tiempo en aprender, ya que le estás enseñando a ignorar algo que hace naturalmente. Una vez que comience a entender y mire hacia otro lado cuando le digas «déjalo», puedes pasar a versiones más avanzadas del entrenamiento.

1. Deja tu mano abierta para que pueda ver los premios.

2. Di «Déjalo» cuando comience a mostrar interés (que será de inmediato, porque no tendrás la mano cerrada).

Foto cortesía de Siobhan Clarkson

a. Cierra el puño si continúa olfateando o se acerca a los premios en tu mano.

b. Dale un premio de tu otra mano si se detiene.

Repite estos pasos hasta que finalmente deje de intentar olfatear los premios. Cuando parezca dominarlo, pasa a la versión más difícil de este comando.

1. Coloca los premios en el suelo, o deja que tu perro vea que los esconde, y quédate cerca.

2. Di «Déjalo» cuando comience a mostrar interés en olfatear.

a. Coloca una mano sobre los premios si no escucha.

b. Dale uno si te hace caso.

A partir de aquí, puedes comenzar a entrenar mientras estás más lejos del premio con tu perro con correa para que puedas detenerlo si es necesario. Luego comienza a usar otras cosas que le gusten, como su juguete favorito u otro premio tentador que sueles darle.

Suéltalo

Este va a ser uno de los comandos más difíciles porque va en contra tanto de los instintos como de los intereses de tu cachorro. Él querrá conservar lo que tiene, por lo que tendrás que ofrecerle algo mejor. Sin embargo, es esencial enseñárselo desde pequeño, ya que pronto será muy destructivo.

Además, podría salvarle la vida. Es probable que se abalance sobre cosas que parecen comida cuando salgan a pasear y este comando le hará soltar cualquier cosa que represente un riesgo.

Comienza con un juguete y un premio. Asegúrate de que sea uno que tu cachorro no reciba a menudo para que haya motivación para soltar el juguete o el premio grande.

1. Dale el juguete o el premio grande. Si también quieres usar un clicker, ponlo con el premio que usarás para convencerlo de que suelte el premio.

2. Muéstrale el premio.

3. Di «Suéltalo». Si lo hace, dile «Sí» y dale el premio mientras recoges el premio o juguete que soltó.

4. Repite esto de inmediato después de que termine el premio.

Foto cortesía de
Laura Foxon and Joshua Szukalski

Necesitarás seguir reforzando este comando durante meses después de que se lo aprenda porque no es una reacción natural. También debes comenzar a usar alimentos que tu perro encuentre irresistibles.

Silencio

Los Cane Corsos no suelen ser ladradores excesivos, pero eso dependerá de la personalidad de cada uno. En un principio, usa premios para reforzar el silencio. Si ladra sin razón obvia, dile que se calle y coloca un premio cerca. Es casi seguro que el perro guardará silencio para olfatear el premio, en cuyo caso, di «Silencio» o «Callado». No tomará demasiado tiempo para que entienda que «silencio» significa no ladrar.

Adiestramiento como perro guardián

«Mucha gente piensa que necesitará llevar a su Corso a un entrenamiento de protección, pero esto no es cierto. El entrenamiento de protección no encaja con el Cane Corso porque se espera una obediencia robótica a los comandos. Esta raza tiene un instinto natural de protección junto con capacidad de pensamiento, por lo que se debe adoptar un enfoque diferente. Cuando encuentra una amenaza, suceden tres cosas: el perro esperará tu respuesta, si percibe una energía nerviosa de tu parte, estará en alerta y pondrá su cuerpo entre tú y cualquier amenaza que se acerque. Si la amenaza continúa, usarán solo la fuerza necesaria para detenerla, que generalmente es solo «mantenerla» en su lugar hasta que los liberes. El Corso no reacciona agresivamente ante extraños o amenazas, pensará con calma ante una situación».

Vicky Glisson
Cape Fear Cane Corso

Esto no es algo que debas intentar hacer si no has entrenado a un perro guardián. Si tu intención es tener un Cane Corso que también pueda brindar protección, investiga diferentes escuelas y adiestradores en tu área que se especialicen en esta disciplina. Ellos podrán asegurarte de que tu perro reciba un entrenamiento completo. Recuerda también que nunca debes dejarlo incompleto ya que, puede hacer que tu Cane Corso sea peligroso. Los profesionales pueden guiarlo para que sea un protector leal.

¿Cómo seguir?

Los comandos presentados en este capítulo son la base del adiestramiento, y los Cane Corsos son capaces de aprender mucho más. Solo asegúrate de que los trucos que le enseñes no sean muy estresantes. A medida que tu cachorro crece, puedes comenzar a enseñarle trucos que destaquen su agilidad, como traer objetos y otros trucos interactivos.

CAPÍTULO 13.

Nutrición

«Debes prepararte para que, en un abrir y cerrar de ojos, tu pequeño llegue a pesar 18 kg. ¡Pueden subir hasta 5,5 kg en una semana!»

Christy Tripp
Tripp's Cane Corsi

Aunque no aparecen en la lista de las 10 razas más propensas a la obesidad, los Cane Corso, como hemos mencionado anteriormente, adoran comer. El ejercicio puede contribuir en gran medida a mantenerlo en un peso saludable, pero también debes estar muy atento a lo que come.

La nutrición adecuada comienza en la etapa de cachorro. Que tenga un metabolismo más rápido a esta edad no significa que pueda comer cualquier cosa. No solo debes tener cuidado de no darle alimentos de la lista antes mencionada, sino que también debes evitar darle comida alta en calorías. A medida que crece, esto puede convertirse en un problema serio. Debes asegurarte de que tu cachorro reciba el equilibrio nutricional adecuado para que se convierta en un perro fuerte y saludable.

Por qué es importante darle una dieta saludable

El hecho de que tu Cane Corso sea activo no significa que esté quemando todas las calorías que consume, y menos si les das premios a toda hora. Si tu día suele estar ocupado, será demasiado fácil tener lapsos sustanciales en los niveles de actividad mientras está en casa. Tu perro no entenderá los cambios en su horario, solo le importará comer, independientemente de su nivel de actividad. Esto significa que es probable que aumente de peso cuando mantiene las mismas calorías pero reduce las actividades.

Debes ser consciente de cuántas calorías come al día, incluidos los premios. Presta atención a su peso, en caso de que aumente. Esto te indicará cuándo debes ajustar la cantidad de comida que come al día, o cambiar a un alimento con mayor valor nutricional.

Si tienes dudas o inquietudes acerca del peso de tu Cane Corso, consulta a tu veterinario.

Nutrición canina

Las necesidades dietéticas de un perro son muy diferentes a las humanas. Nosotros somos omnívoros, lo que significa que necesitamos una variedad más amplia de nutrientes para estar saludables. Los caninos, en cambio, son en gran parte carnívoros, y la proteína en su dieta es clave. Aunque también necesitan otros alimentos para estar saludables.

La siguiente tabla proporciona los principales requisitos nutricionales para los perros.

Nutriente	Fuentes	Cachorro	Adulto
Proteína	Carne, huevos, soja, maíz, trigo, mantequilla de maní	22,0% de la dieta	18,0% de la dieta
Grasas	Aceite de pescado, aceite de linaza, aceite de canola, grasa de cerdo, grasa de ave, aceite de cártamo, aceite de girasol, aceite de soja	8,0 a 15,0% de la dieta	5,0 a 15,0% de la dieta
Calcio	Lácteos, tejido de órganos animales, carnes, legumbres (típicamente frijoles)	1,0 % de la dieta	0,6 % de la dieta
Fósforo	Carne y suplementos para mascotas	0,8 % de la dieta	0,5 % de la dieta
Sodio	Carne, huevos	0,3 % de la dieta	0,06 % de la dieta

A continuación, encontrarás una lista de los nutrientes que, tanto el cachorro como el adulto, requieren en un porcentaje menor al 1% en su dieta:

- Arginina
- Histidina
- Isoleucina
- Leucina
- Lisina
- Metionina + cistina
- Fenilalanina + tirosina
- Treonina
- Triptófano
- Valina
- Cloruro

Dado que muchos alimentos para humanos contienen conservantes y sal, es mejor evitar dárselos a tu perro.

El agua, por su parte, también es esencial para mantenerlo saludable e hidratado. Asique limpia y llena su bebedero varias veces al día para que siempre disponga de agua fresca.

Proteínas y aminoácidos

Como carnívoros, la proteína es uno de los nutrientes más importantes en la dieta de un perro, ya que contienen los aminoácidos necesarios para que produzca glucosa, que es esencial para darle energía.

La falta de proteínas en la dieta de tu perro puede generarle letargo, un pelaje más opaco y pérdida de peso. Por el contrario, si hay un exceso, su cuerpo la almacenará como grasa y engordará.

Tu perro debe consumir carne, que es la mejor fuente de proteínas. Sin embargo, también podrías darle una dieta vegetariana, siempre y cuando te asegures de que obtenga la proteína necesaria a través de otras fuentes. Además, deberás incluir suplementos de vitamina D en su alimentación. Si planeas darle este tipo de dieta, primero habla con tu veterinario. Pero recuerda que es muy difícil que cubra todas sus necesidades nutricionales sin la incorporación de la carne, más los cachorros. Por lo tanto, deberás dedicarle mucho tiempo a la investigación y discusión con expertos en nutrición para asegurarte de que tu perro esté obteniendo las proteínas necesarias.

Grasas y ácidos grasos

La mayoría de las grasas que tu perro necesita provienen de la carne, aunque los aceites de semillas y la mantequilla de cacahuete también tienen un gran aporte. Las grasas se descomponen en ácidos grasos, que tu perro necesita para que las vitaminas liposolubles ayuden con las funciones celulares. Quizás el beneficio se hace más obvio en su pelaje, que se verá y se sentirá mucho más saludable.

Si tu perro no obtiene la cantidad de grasas adecuadas en su dieta diaria podría presentar algunos de estos problemas:

- Pelaje opaco y menos denso.
- Piel reseca y con picazón.
- Sistema inmunológico comprometido, defensas bajas y más probabilidades de contraer enfermedades.
- Mayor riesgo de enfermedad cardíaca.

Por otro lado, si consume más grasas de las que debería, aumentará de peso y se volverá obeso, lo que conducirá a más problemas de salud. Las razas predispuestas a problemas cardíacos deben obtener la cantidad correcta de grasas en su dieta. Se estima que el 18% de los Cane Corso tienen padecen esta condición y, aunque es un porcentaje bajo, debes asegurarte de que su dieta no le cause problemas.

Carbohidratos y alimentos cocidos

Los perros han estado conviviendo con los humanos durante milenios, por lo que sus necesidades dietéticas han evolucionado. Son capaces de comer alimentos con carbohidratos para complementar la energía que normalmente proporcionan las proteínas y las grasas. Si cocinas granos (como cebada, maíz, arroz y trigo) antes de dárselos, será más fácil para él digerirlos. Esto es algo que debes tener en cuenta al considerar qué tipo de alimento le darás, ya que querrás obtener un alimento seco (croquetas) que tenga carne en lugar de granos; si bien tu perro puede digerirlos, no obtendrá tanto valor nutricional como lo haría de alimentos que tienen carne real.

Diferentes requisitos nutricionales para diferentes etapas de la vida

Según la edad de tu perro tendrá diferentes necesidades nutricionales:

- Cachorros
- Adultos
- Perros mayores

Alimento para cachorros

Los fabricantes de alimentos para perros producen un tipo completamente diferente de alimento para cachorros por una muy buena razón: sus necesidades nutricionales son muy diferentes a las de los adultos. Durante los primeros 12 meses, están creciendo. Para estar sanos, necesitan más calorías y tienen diferentes necesidades nutricionales para promover ese crecimiento.

Hay diferentes tipos de alimento para cachorros según su tamaño. Las razas de perros más grandes crecen mucho entre el momento en que son cachorros jóvenes y la edad adulta y son propensas a diferentes tipos de dolencias ortopédicas, como la displasia de cadera, y parte de esto se debe a cuánto cambian sus cuerpos durante los primeros años. El crecimiento rápido como cachorro puede exacerbar las dolencias ortopédicas. El alimento para perros de razas grandes tiene menos grasa, calcio y fósforo.

Alimento para perros adultos

La principal diferencia entre el alimento para cachorros y el alimento para perros adultos es que el primero tiene un porcentaje más alto de calorías y nutrientes que el segundo. Como regla general, cuando un perro alcanza aproximadamente el 90% de su tamaño adulto, debe cambiar su alimento.

El tamaño es clave para determinar cuánto darle de comer. En la siguiente tabla encontrarás las cantidades recomendadas según su peso.

Tamaño del Perro	Calorías
32 a 45 kg	1.680 durante los meses calurosos 2.500 durante los meses fríos
más de 45 kg	2.400 durante los meses calurosos 3.600 durante los meses fríos

Esta escala es para el rango de peso ideal. Si tu perro tiene sobrepeso u obesidad, pregúntale a tu veterinario cuánto debe alimentarlo al día.

También ten cuenta que estas recomendaciones son por día, y no por comida. Será mucho más fácil proporcionarle una sola con la medida correcta que si le das varias comidas. Por otro lado, a tu perro no le gustará mucho cuando te vea comiendo varias veces al día y él lo haga solo una vez. Si lo vas a alimentar mientras tú comes, asegúrate de calcular cada ración para no exceder la recomendación diaria.

Si planeas agregarle alimento húmedo a las croquetas o le das muchos premios al día, presta atención a cuanto suman las calorías de todos los alimentos, para no exceder las necesidades del perro.

Por último, si planeas alimentar a tu perro con comida casera, deberás aprender más sobre nutrición y prestar mucha atención a las calorías, y no a las medidas en tazas.

Alimento para perros mayores

Los perros mayores no son capaces de ser tan activos como cuando eran jóvenes. Se consideran mayores alrededor de los 7,5 a 8 años, por lo que deberás cambiar su alimento para cuando tenga esa edad. Sin embargo, si notas que tu perro camina más lento, se cansa más rápido, sufre de dolor en las articulaciones o no tiene resistencia, son señales de que ya está entrando en sus años de vejez. Consulta con tu veterinario cuando creas que es hora de hacer un cambio en su dieta.

Al envejecer, los perros requieren más proteínas, lo que significa más carne, que ayudará a mantener sus músculos en buen estado. Además, deben comer menos fósforo

El alimento para perros mayores tiene menos grasa y más antioxidantes para ayudar a combatir el aumento de peso. También, contiene la cantidad correcta de calorías para la actividad reducida, por lo que no será necesario que ajustes las cantidades. En caso de que notes que tu perro está aumentando de peso consulta a tu veterinario antes de hacer algún cambio, ya que esto podría ser un signo de dolencias propias de la edad.

Opciones de comida para tu perro

Tienes tres opciones principales para alimentarlo, o puedes usar una combinación, dependiendo de tu situación y las necesidades específicas de tu perro:

- Alimentos comerciales
- Dieta cruda
- Dieta casera

Alimento comercial

Trata de comprar el mejor alimento para perros que puedas costear. Investiga cada una de tus opciones, en especial su valor nutricional: tiene que ser de calidad. Más allá de la edad de tu perro, siempre ten en cuenta su tamaño y sus niveles de energía.

El sitio web *Barkspace* tiene varios artículos excelentes sobre alimentos comerciales para el Cane Corso. Dado que cada vez hay más variedad, siempre debes verificar que les estás dando el mejor.

Si no estás seguro acerca de la marca, puedes pedirle una recomendación al criador o a tu veterinario, pero los criadores son las mejores guías, ya que son expertos en la raza.

Algunos perros pueden ser exigentes o cansarse de comer siempre lo mismo. Si bien no debes cambiar de marca constantemente, puedes alternar los sabores o agregarle alimento húmedo enlatado. Este es un cambio fácil de hacer, dándole a tu perro uno diferente cada vez (agrega de ¼ a 1/3 de la lata para cada comida, dependiendo del tamaño).

Para más detalles sobre las opciones comerciales, consulta el sitio web *Dog Food Advisor*, donde hacen reseñas sobre las diferentes marcas, además de proporcionar información sobre retiros del mercado y problemas de contaminación.

Alimento seco comercial

El alimento seco para perros a menudo viene en bolsas, y es lo que la gran mayoría de las personas eligen. Aunque pueden ser costosas, pueden durar de varias semanas a un mes, dependiendo del tamaño de tu perro y el tamaño de la bolsa que compres.

Ventajas:

- Conveniencia
- Variedad
- Disponibilidad
- Asequibilidad
- Los fabricantes siguen recomendaciones nutricionales (no todos, así que investiga antes de comprar)
- Formulados para diferentes etapas de la vida canina
- Puede usarse para el adiestramiento
- Fácil de almacenar

Desventajas:
- Requiere investigación previa
- El empaque no siempre indica la lista de ingredientes reales
- Retiros por contaminación
- Regulaciones nutricionales poco estrictas de la FDA
- Los alimentos de baja calidad pueden tener ingredientes cuestionables

La conveniencia y la facilidad para tu presupuesto significa que seguro elegirás comprar croquetas para tu perro. Solo asegúrate de que la marca trabaje con ingredientes de buena calidad.

Alimento húmedo comercial

La mayoría de los perros prefieren el alimento húmedo, pero también es más caro. Sin embargo, vienen en paquetes más grandes que pueden ser muy fáciles de almacenar.

Ventajas:
- Ayuda a mantener la hidratación
- Tiene un aroma y sabor más ricos
- Más fácil de comer para perros con problemas dentales o enfermos
- Conveniente y fácil de servir
- Sin abrir, puede durar entre 1 y 3 años
- Equilibrado según las recomendaciones de nutrición

Desventajas:
- Luego de cada comida se debe lavar el plato
- Puede ablandar las deposiciones
- El perro se ensucia al comer
- Una vez abierto, tiene una vida útil muy corta, y debe cubrirse y refrigerarse
- Más caro que el alimento seco, y viene en pequeñas cantidades
- El empaque no siempre indica los ingredientes reales
- Retiros por contaminación de alimentos
- Regulaciones poco estrictas de la FDA

El alimento húmedo es conveniente para los perros exigentes y lo disfrutarán más que las croquetas. Si tu perro se llega a enfermar es aconsejable darle este tipo de alimento para asegurarte de que coma y así obtener la nutrición necesaria que necesita. Puede ser un poco más difícil volver a las croquetas una vez que esté sano, pero siempre puedes mezclarlos.

Dieta cruda

Para perros como el Cane Corso que tienen estómagos sensibles, se recomiendan las dietas crudas, que son ricas en carnes crudas, huesos, verduras y suplementos. Más allá de ser más fácil de digerir, algunos de sus beneficios son:

- Mejora el pelaje y la piel
- Mejora el sistema inmunológico
- Mejora la salud (como resultado de una mejor digestión)
- Aumenta la energía
- Aumenta la masa muscular

Las dietas crudas están destinadas a darle a tu perro el tipo de alimento que comía antes de ser domesticado: carnes crudas, huesos enteros (sin cocinar), lácteos, y nada de procesados.

De todas maneras, existen algunos riesgos al darle esta dieta, ya que su sistema digestivo ha evolucionado a medida que lo han hecho ellos, y tratar de forzarlos al tipo de dieta que solían comer no siempre funciona. También hay riesgos al alimentar a los perros con comidas crudas, y más si ha sido contaminada. Muchos profesionales médicos también advierten sobre los peligros de darles huesos, incluso si no están cocidos, ya que pueden astillarse en su boca y perforarle el esófago o el estómago.

The Canine Journal proporciona mucha información sobre la dieta cruda, cómo hacer la transición y diferentes recetas.

Comida preparada en casa

Si sueles cocinar tus comidas desde cero, puedes hacerlo también para tu compañero peludo, no te tomará mucho más tiempo.

Teniendo en cuenta los alimentos que tu Cane Corso no debe comer, puedes mezclar parte de la comida que preparas para ti en la suya. Aunque tienen necesidades dietéticas diferentes, puedes adaptar tus alimentos para incluir nutrientes que tu perro necesita. Para información sobre qué no debes darle, lee el Capítulo 4.

Nunca lo alimentes desde tu plato. Divide la comida, colocando la de tu perro en su recipiente. Las mejores comidas caseras deben planificarse con anticipación para que tu Cane Corso obtenga el equilibrio nutricional adecuado.

En general, el 50% de su comida debe ser proteína animal (pescado, aves y vísceras), el 25% deben ser carbohidratos complejos y el 25% restante debe provenir de frutas y verduras, como calabaza, manzanas, plátanos y judías verdes. Estos proporcionan un sabor extra que a tu Cane Corso le encantará y, al mismo tiempo, lo hará sentir lleno más rápido para que no coma en exceso.

Control de peso

«Lo más importante es evitar que aumenten de peso demasiado rápido mientras crecen. Para esto, dale alimento para cachorros durante el primer año. Luego, es preferible darle una dieta alta en proteínas y en grasas para determinar cuánto alimentarlo una vez que tengas su requerimiento calórico. Tu veterinario podrá ayudarte a calcularlo».

Christy Tripp
Tripp's Cane Corsi

Los perros de trabajo necesitan tener un horario para todo, y la comida no es una excepción. El día de tu Cane Corso se basa en las horas de comida y las sesiones de adiestramiento, por lo tanto, te recordará que estás olvidando algo importante si le das de comer más tarde de lo habitual. Si le sueles dar premios y refrigerios, creerá que también son parte de la rutina y los esperará.

Establecer un equilibrio saludable entre la dieta y el ejercicio no debería ser demasiado difícil con un Cane Corso, siempre y cuando prestes atención a cuánta comida le das en comparación a cuánto ejercicio hace. Acostúmbrate a que el ejercicio y el tiempo de juego sean un sistema de recompensa.

Muchos veterinarios pesarán a tu perro de forma gratuita, por lo que puedes pasar cada pocos meses para hacer un chequeo. Si ves que está aumentando de peso, consulta con un profesional. Por lo general, recomiendan reducir las cantidades en cada ración, aunque es probable que el exceso de comida de los premios y las sobras de la mesa sean la verdadera razón. Tómate el tiempo para controlar lo que está comiendo tu Cane Corso para que se mantenga saludable.

Alergias e intolerancias alimentarias

Cada vez que le des a tu perro un nuevo alimento (incluso si es la misma marca, pero un sabor diferente), debes monitorearlo mientras se acostumbra. Las alergias alimentarias, aunque no son comunes, tienden a manifestarse como puntos calientes, que son similares a las erupciones en los humanos. Tu perro puede comenzar a rascarse o morderse en lugares específicos de su cuerpo, y su pelaje podría comenzar a caerse alrededor de esas zonas.

Algunos perros no tienen un solo punto caliente, sino que la alergia aparece en todo su pelaje. Si tu Cane Corso parece estar perdiendo más pelo de lo normal, llévalo al veterinario de inmediato.

Esta raza, por más fuerte y resistente que parezca, suele tener un estómago bastante sensible. Darle una dieta libre de granos puede ayudarlo a que obtenga la nutrición adecuada sin sufrir intolerancia alimentaria. Si le das algo que su estómago no puede tolerar, probablemente se descomponga. En este caso, sácalo lo más rápido posible para que no tenga un accidente. Dependiendo del perro, la flatulencia podría ser una indicación de intolerancia alimentaria.

Dado que los síntomas de las alergias e intolerancias alimentarias pueden ser similares a las reacciones por deficiencias nutricionales (particularmente la falta de grasas), debes visitar a tu veterinario si notas algún problema con el pelaje o la piel de tu perro.

CAPÍTULO 14.
Un compañero activo y aventurero

"A veces la gente supone que, por ser perros grandes, son perezosos. Pero en realidad los Cane Corso son súper inteligentes y muy atléticos».

Sabastian Freitas
Freitas Cane Corsos

Los Cane Corso tienen mucha energía y pueden ser trabajadores muy eficaces, en especial como guardianes. Tu perro debería hacer al menos una hora u hora y media de ejercicio al día. Algunos expertos recomiendan que camine o trote al menos un kilómetro por la mañana y otro por la tarde, aunque dependerá de su velocidad. Aunque los cachorros (Capítulo 9) y los perros mayores (Capítulo 18) no tendrán la resistencia para caminatas tan largas.

Dada su inteligencia y el riesgo de que se aburra, tendrás que mantenerlo ocupado o cansado, y esto será mucho más sencillo si te ejercitas con él varias veces al día, con incrementos de media hora. En los días en que el clima lo dificulte, puedes recurrir al adiestramiento para que gaste parte de esa energía.

Ejercicio: la importancia de mantener a tu perro activo

Traer un Cane Corso a tu hogar significa que te comprometes a hacer ejercicio diario, incluso cuando todavía es un cachorro. Los perros no quieren portarse mal, pero si están aburridos, las travesuras son inevitables.

Aunque la mayoría no son perros de trabajo hoy en día, no significa que no puedas ponerlo a trabajar. Cuando salgas a caminar, ponle un arnés que le permita llevar cosas como botellas de agua y uno o dos discos voladores. No solo el peso extra consumirá un poco más de energía, sino que a tu perro le gustará el hecho de que le estés prestando atención. También puedes comenzar a adiestrarlo en una pista de obstáculos para que se ejercite tanto mental como físicamente.

Dado que los problemas de peso están directamente relacionados con la falta de ejercicio, si tu perro está engordando, podría ser una señal de que no le estas dando suficiente tiempo de actividad. Por suerte, tienes muchas opciones para que reciba suficiente ejercicio. Con su estructura facial particular (los mastines son braquiocefálicos, o tienen hocicos cortos, razón por la cual roncan y resuellan tanto), los Cane Corso no son una raza que se desempeñe bien en la natación. Sin embargo, hay muchas otras actividades excelentes que puedes hacer con tu perro: le encantará jugar y correr.

¡Tómalo con calma! El ejercicio y el sistema esquelético de tu Cane Corso en crecimiento

«Los primeros 6-7 meses de vida del cachorro determinarán el estado de sus caderas. La mayoría de las personas piensan que deben sacar a su cachorro a caminar todos los días, pero esto no es recomendable. Los cachorros solo necesitan tiempo de juego como 'ejercicio' en el césped durante los primeros 7 meses. Llevarlo a una larga caminata por el vecindario para 'quemar' energía solo deformará las caderas y articulaciones en crecimiento. Se necesitan caminatas cortas con correa para el adiestramiento, pero evita las caminatas largas y extenuantes».

Vicky Glisson
Cape Fear Cane Corso

Como se mencionó en el Capítulo 9, debes tener cuidado al ejercitar a un cachorro Cane Corso en crecimiento. Actividades como trotar y sesiones largas de ejercicio no solo son demasiado exigentes físicamente, sino que pueden dañar su esqueleto, por eso mejor esperar hasta que tenga al menos 18 meses.

Los ejercicios como saltar también deben ser mínimos. Limita el ejercicio al adiestramiento y a actividades que no impacten su sistema esquelético en desarrollo. Esto puede complicarse cuando tu cachorro se emociona y comienza a saltar. En ese momento, trate de calmarlo y cambia a actividades de bajo impacto esquelético, como el adiestramiento.

Una gran variedad de actividades

Los Cane Corso son populares porque hay muchas actividades que se pueden realizar con ellos. Desde trotar hasta recorridos de obstáculos y deportes, una vez que llegue a la adultez, podrán salir y quemar esa energía mientras se divierten mucho.

Un fantástico compañero para trotar

Antes de intentar trotar con tu Cane Corso, necesitas tener un excelente control por voz sobre él. Ten en cuenta que no podrá hacer trotes largos porque es una raza braquiocefálica. En un día fresco, podría trotar entre cinco y ocho kilómetros, y si hace calor, menos distancia solo por la mañana o al anochecer cuando el aire es más fresco.

Un eficaz compañero de caza

Si tú o alguien de tu familia disfruta de la caza, esta es una raza experta. A tu Cane Corso le encantará el tiempo que pase al aire libre contigo, así como la oportunidad de perseguir animales, un instinto que debes controlar cuando se enfrenta a animales más pequeños alrededor de tu casa.

Hay algunas cosas que debes hacer antes de que tu Cane Corso pueda ir a cazar contigo:

Foto cortesía de Rob Bax

- Debe ser obediente y no vacilar cuando le des una orden como :
  - «Quieto»
  - «Ven»
  - «Junto»
  - «Busca»
  - «Déjalo»
  - Cuando digas su nombre y esté sin correa

Puedes usar juguetes y otros artículos en casa para adiestrar a tu perro a soltar animales si planeas cazar criaturas más pequeñas o aves.

- Practica en campos abiertos una vez que estés seguro de que tu perro responderá sin correa. El adiestramiento diario de obediencia ayudará a establecer expectativas mucho antes de que realmente vayas a cazar.

- Ejercítate en terrenos irregulares, ya sea trotando en senderos de tierra o haciendo senderismo con tu Cane Corso para que se acostumbre.

- Haz que se familiarice con tu equipo de caza, incluida el arma y tu vehículo todo terreno (cualquier cosa que lleves contigo para cazar). Es probable que debas hacer esto varias veces durante los meses previos a la primera cacería.

- Comienza a introducir a tu perro a olores, vistas y sonidos que serán útiles durante la caza. Cuando vayas solo, tráele una parte de la presa para que la vea y la olfatee.

Deportes de rally

Los deportes de rally son excelentes para perros que aún son jóvenes. Completar estos eventos requiere solo un conjunto básico de habilidades, lo que lo hace ideal para dueños y perros sin experiencia. Esta es una actividad en equipo, ya que ambos trabajan juntos para completar los ejercicios que componen el deporte según señales establecidas. Si tu Cane Corso es introvertido, esta es la mejor actividad deportiva que podría hacer.

Este deporte requiere, además de la clase, un entrenamiento de entre tres y cuatro horas por semana. Hablar con tu perro está permitido en el nivel principiante, lo que lo convierte en un excelente punto de partida para familiarizarlo con los deportes. Si deseas más información sobre el rally, como los requisitos y eventos, visita la página de la Federación Cinológica Internacional.

Deportes caninos

Existe una gran variedad de deportes caninos en los que puedes inscribir a tu Cane Corso si ya está socializado.

- El coursing con señuelo implica que los perros persigan un señuelo a lo largo de una pista. El señuelo suele ser una bolsa de plástico que se asemeja a una presa pequeña, lo que le da a tu Cane Corso la oportunidad de perseguir algo en un entorno controlado. No se requiere adiestramiento. Todo lo que tienes que hacer es encontrar eventos cerca tuyo.

- Los deportes de protección son competitivos y requieren mucho más que solo un instinto protector. Tu perro debe ser muy obediente, ágil y, a veces, debe poder seguir un rastro. Si, en cambio, es agresivo, asustadizo o no está bien socializado, no es un buen candidato para este deporte.

Foto cortesía de Keely Drage

Prepárate para dedicarle de 10 a 15 horas semanales al entrenamiento para este deporte. Las clases se dictan, por lo general, dos veces por semana, mientras que el resto del tiempo debe dividirse durante las sesiones en casa.

- El trabajo de olfato puede ser una excelente manera de que tu perro aprenda a seguir olores (un entrenamiento fantástico para ayudar con la caza). Básicamente, encuentra un olor y luego lo sigue. Al ser de bajo impacto, lo convierte en una gran actividad para perros más jóvenes y, en gran medida, lo pone a trabajar sin que tengas que involucrarte demasiado.

Las clases son una vez por semana, luego puedes entrenarlo en casa. Se recomiendan de una a dos horas por semana.

- El flyball es una carrera de relevos que incluye tanto saltos como recuperación. Si a tu Cane Corso le encantan los juguetes, esta es una buena manera de que gaste su energía. Como tendrá que interactuar con otros perros, debe estar bien socializado y no tener tendencias agresivas.

Este es un compromiso de dos a tres horas a la semana, con clases una vez por semana. También entrénalo en casa tanto como puedas.

Entrenamiento de agilidad

Mejor conocido como «recorrido de obstáculos», este entrenamiento es una excelente manera de mantener a tu perro adulto corriendo y feliz. Tú lo guías través del trayecto, lo que no solo ayuda a fortalecer su vínculo, sino que también le da la oportunidad de sentirse más cómodo cuando está fuera del hogar. Dado que esta es una raza que desconfía de los extraños, esto hará que tu Cane Corso se sienta más seguro y menos temeroso mientras recorre el circuito. Como tú tienes el control, y es probable que tu perro esté confundido al principio, no sabrás bien como manejarte. Pero recuerda, el objetivo es divertirse y mantener a tu perro comprometido, por lo que es clave que captes y mantengas su atención .

Se recomiendan de dos a tres horas, con una de esas horas destinada a una clase semanal. Cuanto más puedas entrenar en casa, mejor se desempeñará tu perro en este deporte.

Salto de muelle (*Dock Diving*)

Los Cane Corso pueden no ser adecuados para sesiones largas de natación, pero el salto des muelle puede ser muy divertido para ambos. Implica que tu perro salte de un muelle seguro al agua, después de que tú le muestres cómo hacerlo. Luego de que aprenda, es mejor usar su juguete favorito para hacer que entre al agua y evitar que salte sobre ti. Naturalmente, te mojarás bastante durante estas actividades, pero eso puede ser parte de la diversión.

Esta es una actividad estacional que varía según la ubicación. Por lo general, hay una o dos clases al mes, pero suele haber más. Aquí hay algunas organizaciones donde puedes consultar:

- Dock Dogs (https://dockdogs.com/)
- North American Diving Dogs (https://northamericadivingdogs.com/)
- Splash Dogs (https://splashdogs.com/)
- Ultimate Air Dogs (http://www.ultimateairdogs.com/)

¡Hora de jugar!

El mal clima no hará que tu perro tenga menos energía, por lo que deberás buscar la manera de mantener su horario de ejercicio incluso dentro de casa. Por supuesto, si puedes dejar que juegue en la nieve en un patio trasero, será fantástico. En el caso de que llueva o haga mucho calor, necesitarás encontrar las actividades adecuadas para cansar a tu canino sin tener que salir. Aquí hay algunas alternativas (ten en cuenta que necesitarás un espacio grande).

1. Haz que persiga un puntero láser en vez de perseguirte a ti, ya que el espacio puede ser limitado dentro de casa.

2. El tira y afloja es otro juego que puede ayudar, aunque debes tener cuidado: los niños no lo deben jugar, y tu perro debe estar bien adiestrado para que no muerda (en otras palabras, este no es un juego para cachorros).

3. El escondite es un juego al que puedes jugar una vez que tu perro conozca el comportamiento adecuado en el hogar, ya sea que lo hagas buscarte a ti o a un juguete favorito que hayas escondido.

4. Los juguetes de rompecabezas son una excelente manera de hacer que tu perro se mueva sin que tengas que hacer mucho. Muchos vienen con golosinas, y conociendo a los Cane Corso, no pasará mucho tiempo antes de que descubra cómo sacar la comida del juguete, así que asegúrate de tener más de uno. Úsalos con moderación para evitar acumular calorías adicionales.

5. Los Cane Corso pueden aprender a bailar, mejorando su agilidad para otros tipos de actividades. Desde recorridos de obstáculos hasta bailes, puedes buscar trucos únicos en la web para ver todas las posibilidades. Las sesiones de adiestramiento pueden ser muy divertidas y lo estimularán tanto mental como físicamente. También será una excelente manera de entretener a los invitados, ya que es probable que tu perro quiera jugar con todos los que entren por la puerta.

CAPÍTULO 15.
Acicalamiento: fortaleciendo su vínculo productivo

Aunque los Cane Corso tienen pelo corto, mudan en cantidad y por lo tanto requieren un acicalamiento regular. Comenzar cuando es cachorro hará que sea una tarea mucho más fácil en el futuro. Afortunadamente, no son propensos a problemas con su pelaje. Siempre que cepilles sus dientes con regularidad, revises sus ojos y oídos para asegurarte de que estén sanos, los Cane Corso son súper fáciles de acicalar (siempre y cuando lo entrenes para que no se muevan).

Herramientas de acicalamiento

No necesitarás muchas herramientas para acicalar a tu Cane Corso. Asegúrate de tener los siguientes elementos a mano antes de que llegue tu cachorro a casa:

- Un cepillo de cerdas o de púas para su pelaje
- Un cepillo para la capa interna (este es opcional, pero puede ayudar a reducir la muda)
- Champú (usa champús suaves)
- Cortaúñas
- Un cepillo de dientes y pasta dental (consulte la Federación Cinológica Internacional para las recomendaciones más recientes)

Manejo del pelaje

Aunque se recomienda cepillarlo a diario para mantener controlada la muda, si comienzas a acicalar a tu cachorro cuando es pequeño, no será una tarea tan pesada cuando sea adulto. Esto es fantástico considerando todo el tiempo que le tendrás que dedicar a otras tareas, como el ejercicio y el adiestramiento.

Cachorros

Cuando son cachorros, su pelaje es bastante fácil de manejar. El cepillado diario no solo puede reducir la cantidad de pelo que muda, sino que también te ayuda a crear un vínculo con él. Sí, será un poco desafiante al principio porque no se quedará quieto y querrá jugar contigo, así que tendrás que ser paciente. Solo hazle saber que esto es algo serio y que el juego viene después, de lo contrario, el proceso tomará mucho más tiempo. Trata de cepillarlo después de una sesión de ejercicio intensa para que tenga mucha menos energía.

Edad adulta

Se recomienda el cepillado semanal debido a que tienen doble capa de pelo y mudan durante todo el año. Si entrena adecuadamente a tu cachorro sobre cómo comportarse, cepillarlo será fácil cuando sea adulto.

Si, en cambio, adoptaste un adulto, puede tomar un tiempo para que se acostumbre a ser cepillado con frecuencia. Si no puedes lograr que se sienta cómodo al principio, puedes incorporarlo a su rutina, como el adiestramiento. A medida que se sienta más confiado, será más fácil cepillarlo diariamente.

Perros mayores

Al igual que las sesiones de ejercicio, el acicalamiento deberá ser más frecuente, pero por períodos más cortos. Cepillar cada dos o tres días ayudará a mantener su pelaje sin hacerlo estar de pie durante largos períodos. Utiliza un cepillo más suave con puntas de plástico ya que será más gentil con la piel de tu perro.

Las sesiones de acicalamiento son una buena manera de darle un buen masaje a tu perro para aliviar cualquier dolor, además de ser una excelente manera de tener tiempo de calidad juntos. Mientras lo cepillas, busca cualquier cambio en la piel, como bultos o protuberancias grasosas. En caso de que los tenga, un veterinario deberá revisarlos.

Hora del baño

Dado el tamaño de los Cane Corso y sus pelajes cortos, un baño cada tres meses debería ser más que suficiente para mantenerlo limpio, y más aún si lo cepillas semanalmente. Arma un cronograma de baño una vez por trimestre (cuatro veces al año), y tu perro debería estar contento. Por supuesto, si se ensucia (como cuando sale a explorar o a hacer senderismo), entonces tendrás que bañarlo.

No se recomienda meter a un perro de este tamaño en la bañera. En cambio, busca un lugar donde puedas bañarlo, como el patio. Por supuesto, durante los meses fríos, no será necesario ya que es probable que no salga tanto.

Limpieza de ojos y oídos

Cuando bañes a tu Cane Corso, ten cuidado de que no le entre agua en los oídos, y trata de revisárselos al menos una vez por semana para asegurarte de que estén sanos. Puede tener alergias que hagan que su interior esté enrojecido. Se puede usar una almohadilla tibia y húmeda en la parte superficial de la oreja. Si el enrojecimiento no mejora en un día, programa una cita para visitar al veterinario. Si, por otro lado, ves acumulación de cera, puedes limpiarla, pero nunca le introduzcas nada en los oídos.

Los Cane Corso tienen varias condiciones genéticas en los ojos (Capítulo 17), así que revísalos siempre mientras lo estás acicalando. Las cataratas son un problema bastante común para todos los perros a medida que envejecen. Si notas que tiene los ojos nublados, llévalo al veterinario. Si está desarrollando cataratas, es posible que lo tengan que operar, ya que pueden provocar ceguera.

Recorte de uñas

«No deberías tener que recortar las uñas si el perro está caminando lo suficiente o pasando tiempo en el patio. Las uñas se mantendrán naturalmente cortas por el contacto con el suelo».

Vicky Glisson
Cape Fear Cane Corso

Cortar las uñas de los Cane Corso puede ser difícil debido a su tamaño y al hecho de que las uñas tienen un color similar al pelaje, lo que significa que puedes cortar demasiado y lastimarlo. Es mejor que un experto se las corte hasta que puedas aprender cómo se hace. Si tú mismo le cortas las uñas, ten siempre a mano polvo hemostático en caso de que cortes de más.

Para saber si necesita un recorte, fíjate si cuando camina sobre superficies duras hacen ruido. Como regla general, se recomienda una vez al mes.

Salud bucal y cepillado de dientes

Los Cane Corso necesitan que se les cepillen los dientes con frecuencia para evitar problemas dentales, y probablemente querrás aprender a hacerlo tú mismo en lugar de tener que ir a una tienda de mascotas una vez por semana. También es bueno saber cómo hacerlo si su aliento huele mal o comió algo que huele desagradable.

Siempre usa una pasta de dientes específica para perros, ya que la que usamos nosotros puede ser tóxica. El sabor de la pasta también facilitará el cepillado, o al menos lo hará más entretenido. Para comenzar a cepillar los dientes de tu perro:

1. Pon un poco de pasta en tu dedo y extiéndelo hacia tu perro.
2. Deja que lama la pasta de dientes.
3. Elógialo por probar algo nuevo.
4. Pon un poco de pasta en tu dedo, levántale el labio superior y comienza a frotar en círculos a lo largo de las encías. Es muy probable que tu perro lo haga difícil al intentar constantemente lamer tu dedo. Elógialo cuando no se mueva demasiado.
   a. Trata de mantener al cachorro quieto. A medida que crezca, necesitarás que sepa cómo sentarse por voluntad propia para la limpieza.
   b. Intenta masajear tanto las encías superiores como las inferiores. Es probable que las primeras veces no puedas hacer mucho más que meter tu dedo en su boca, y eso está bien. Con el tiempo, tu cachorro aprenderá a hacerte caso a medida que el adiestramiento lo ayude a entender cuándo le estás dando órdenes.
5. Mantente positivo por más que no puedas limpiarle bien los dientes al principio, deberás tener paciencia y constancia.

Una vez que tu perro se sienta cómodo con que le cepilles los dientes con el dedo, intenta los mismos pasos con un cepillo de dientes. Puede ser un proceso similar al comienzo, pero no debería tomar tanto tiempo, quizás un par de semanas. De todas maneras, será una gran oportunidad para fortalecer su vínculo.

CAPÍTULO 16.

Problemas generales de salud: aler- gias, parásitos y vacunación

Los factores ambientales determinan en gran medida si tu perro podría contraer parásitos o no. Por ejemplo, si vives cerca de un bosque, tiene un mayor riesgo de contraer garrapatas que un perro que vive en la ciudad. Consulta con tu veterinario sobre los riesgos ambientales en tu caso.

El papel de tu veterinario

Desde la actualización de las vacunas anuales hasta los chequeos de salud, las visitas programadas al veterinario asegurarán que tu Cane Corso se mantenga saludable. Dado que son compañeros entusiastas, será evidente cuando tenga un problema. Notarás los cambios, especialmente si deja de seguirte por la casa. Las visitas anuales al veterinario garantizarán que no haya un problema que comprometa la salud de tu perro.

Los chequeos de salud también son importantes. Si hay síntomas de alguna condición o enfermedad (como artritis), un diagnóstico temprano te permitirá comenzar con el tratamiento o prevención. El veterinario puede ayudarte a encontrar formas de manejar el dolor y los problemas que vienen con el envejecimiento y podrá recomendarte ajustes en la rutina. Esto asegurará que puedan seguir divirtiéndose juntos sin que tu perro sufra.

Alergias

Al igual que las personas, los perros pueden tener alergias, aunque puede ser difícil detectar cuando están teniendo una reacción alérgica. Con la alergia ambiental, también llamada dermatitis atópica, es más difícil de determinar si lo que la produce está en el ambiente o en la comida. Algunos síntomas son:

- Picazón, particularmente alrededor de la cara
- Puntos calientes
- Infecciones de oído
- Infecciones cutáneas

● Ojos y nariz que moquean (no es común)

Los perros suelen desarrollar alergias cuando tienen entre 1 y 5 años. Por lo general, se las relaciona con la exposición cutánea, pero algunos pueden ser alérgicos al polvo, moho y polen.

Dado que los síntomas son los mismos para las alergias alimentarias y ambientales, deberás hablar con tu veterinario para determinar la causa. Si tu perro tiene alergia alimentaria, todo lo que tienes que hacer es cambiar la comida que le das, en cambio, si es ambiental, necesitará medicación. Por eso, es importante determinar su origen, si es una cuestión estacional (como el polen) o sucede todo el año.

Como ocurre con los humanos, eliminar el problema por completo no es viable, pero existen medicamentos que pueden aliviar los síntomas y hacer que tu perro tenga menor sensibilidad a los alérgenos.

● **Antibacterianos/Antifúngicos:** hay varios medicamentos para estas alergias, incluyendo champús, píldoras y cremas. Estos generalmente no tratan la alergia, sino los problemas que vienen con las alergias, como infecciones bacterianas y por levaduras.

● **Antiinflamatorios:** son medicamentos orales que pueden tener efectos adversos, por eso deberás monitorear a tu perro. Si tiene una

Foto cortesía de
William White

mala reacción, como letargo, diarrea o deshidratación, debes consultar con tu veterinario.

- **Inmunoterapia:** una serie de inyecciones puede ayudar a reducir la sensibilidad de tu perro a lo que sea que le cause alergia. Esto es algo que puedes hacer en casa, por lo que no necesitará llevarlo al veterinario. También se está desarrollando una versión oral del medicamento para facilitar su administración.

- **Tópico:** este medicamento es un tipo de champú y acondicionador que eliminará cualquier alérgeno del pelaje de tu perro. Darle un baño tibio (no caliente) también puede ayudar a aliviar la picazón.

Habla con tu veterinario sobre los medicamentos disponibles para determinar el mejor tratamiento para la situación y las necesidades de tu Cane Corso.

Alergias por inhalación y ambientales

Las alergias por inhalación son causadas por el polvo, el polen, el moho e incluso por la caspa de perro. Su reacción automática es rascarse, lo que es peligroso porque podría lastimar un punto caliente o podría comenzar a frotarse los ojos y las orejas. Además, a algunos perros le puede moquear la nariz y estornudar.

Alergias por contacto

Las alergias por contacto significan que tu perro ha tocado algo que desencadena una alergia: la lana, los químicos en un tratamiento para pulgas y ciertos tipos de hierba pueden causarle irritación en la piel e incluso decolorarla. Si no se trata, puede generar olores fuertes y pérdida de pelo.

Al igual que las alimentarias, las alergias por contacto son fáciles de tratar porque una vez que se conoce el desencadenante, se puede eliminar el problema.

Pulgas y garrapatas

Dado que a los Cane Corso les encanta estar al aire libre, corren un riesgo alto de contraer pulgas y garrapatas, que son difíciles de detectar debido a su pelaje oscuro. Por lo tanto, nunca debes omitir el tratamiento preventivo, incluso en invierno.

Cada vez que vuelvan de un paseo en el bosque, revisa a tu pero para asegurarte de que no tenga garrapatas, peina su pelaje y toca su piel en busca de irritación o parásitos. Como lo harás con frecuencia, deberías poder notar cuando haya un cambio, como un nuevo bulto, por ejemplo. Esto no debería tomar mucho tiempo.

Las pulgas, a diferencia de las garrapatas, se mueven por todo el cuerpo. La mejor manera de detectarlas es mientras cepillas a tu perro. También puedes darte cuenta por algunas conductas, como que se esté rascando y lamiendo todo el tiempo. Deberás usar productos preventivos de manera regular una vez que tu cachorro alcance una edad apropiada.

La FDA (Administración de Alimentos y Medicamentos de los Estados Unidos, por sus siglas en inglés: *Food and Drug Administration*) ha emitido una advertencia sobre algunos tratamientos que se comercializan. Ya sea que estés considerando comprar aquellos que se aplican mensualmente o un collar para protección constante, debes verificar si contiene isoxazolina (usada por marcas como Bravecto, Nexgard, Credelio y Simparica), ya que este ingrediente podría producir efectos secundarios. Si bien otros compuestos son seguros para las mascotas cuando se usan en dosis adecuadas, en perros más grandes pueden ser tóxicos. Consulte con tu veterinario sobre los tratamientos recomendados para asegurarte de darle a tu perro la dosis correcta. Una vez que lo apliques, obsérvalo para detectar los siguientes problemas:

- Diarrea o vómitos
- Temblores
- Letargo
- Convulsiones

Si notas alguno, llévalo al veterinario de inmediato.

Nunca uses productos que no sean específico para perros. En caso de enfermedad, embarazo o lactancia, es posible que debas buscar un tratamiento alternativo. Los collares antipulgas no se suelen recomendar porque contienen un ingrediente que es letal para los felinos y que se cree que podría ser cancerígeno para los humanos. Así que, si tienes un gato o niños pequeños, debes elegir otra opción.

Cuando elijas un tratamiento, lee el empaque para saber cuál es el momento adecuado para comenzar a tratar a tu perro según su edad y tamaño. Cada marca da una recomendación diferente. También, asegúrate de comprender todos los pasos a seguir para su aplicación.

Si, por otro lado, deseas utilizar productos naturales en lugar de químicos, deberás investigar las alternativas y descubrir qué funciona mejor para tu Cane Corso. Verifica la eficacia del producto antes de comprarlo y consulta con tu veterinario. Establecer un horario y agregarlo al calendario te ayudará a recordar tratar a tu perro cada mes.

Gusanos parasitarios

Aunque son un problema menos común, pueden ser mucho más peligrosos. Tu perro puede enfermarse por gusanos que son transportados por pulgas y garrapatas. Hay varios tipos:

- Gusanos del corazón
- Anquilostomas
- Lombrices intestinales
- Tenias
- Tricocéfalos

Desafortunadamente, no hay síntomas fáciles de reconocer. Sin embargo, programa una visita al veterinario si tu perro muestra alguno de los siguientes:

- Letargo por varios días seguidos.
- Caída de pelo abundante (lo notarás cuando lo cepilles) o zonas irregulares en el pelaje.
- Estómago inflamado y prominente.
- Tos, vómitos, diarrea, pérdida de apetito.

Gusanos del corazón

Los gusanos del corazón son una amenaza para la salud de tu perro y pueden ser mortales, ya que pueden ralentizar y detener el flujo sanguíneo. Debes tratarlo activamente para eliminar por completo al parásito. Por suerte, es un problema de fácil prevención mediante medicamentos, como masticables, tópicos o inyectables.

Este parásito en particular es transportado por mosquitos, que existen en la mayoría de las regiones del país. Dado que los gusanos del corazón son potencialmente mortales, tomar medidas preventivas es esencial.

Tratar esta condición puede ser algo costoso y requiere mucho tiempo para curar, pero recuerda que el bienestar de tu Cane Corso es tu prioridad.

1. El veterinario primero extraerá sangre para realizar pruebas, que pueden costar hasta 1.000 euros.

2. El tratamiento comenzará con algunos medicamentos iniciales, incluidos antibióticos y fármacos antiinflamatorios.

3. Después de un mes de la medicación inicial, el veterinario le dará a tu perro tres inyecciones en el transcurso de dos meses.

Desde el momento en que el profesional confirma que tu perro tiene gusanos del corazón hasta lo cure, debes mantenerlo tranquilo. Tu veterinario te dirá cómo ejercitarlo mejor durante este período. Pero deberás tener cuidado cuando haga actividad física, ya que el parasito inhibe su flujo sanguíneo. Por lo tanto, hacer que su corazón bombee demasiado podría matarlo.

El tratamiento continuará después de que se completen las inyecciones. Pasados los primeros seis meses, le realizarán otra prueba de sangre para asegurar que los gusanos hayan desaparecido.

Una vez que tu perro haya curado, deberá seguir con la medicación para que no lo vuelva a padecer. Es importante que no realice actividad con mucha intensidad, ya que su corazón tendrá un daño permanente.

Gusanos intestinales: anquilostomas, lombrices intestinales, tenias y tricocéfalos

Estos cuatro gusanos se generan en el tracto intestinal de tu perro cuando come algo contaminado. Las formas más comunes en que los perros ingieren gusanos son:

- Heces
- Pulgas, cucarachas, lombrices de tierra y roedores
- Superficies
- Agua contaminada
- Leche (si la madre tiene gusanos, puede transmitirlos a los cachorros)

Los siguientes son los síntomas y problemas más comunes causados por parásitos intestinales:

- Anemia
- Pérdida de sangre
- Tos
- Deshidratación
- Diarrea
- Inflamación del intestino grueso

● Pérdida de peso

Si un perro se recuesta sobre un lugar infestado de larvas de anquilostomas, el parásito puede perforar su piel. Los veterinarios realizarán una prueba diagnóstica para determinar si lo tiene, si da positivo, le recetará un desparasitante. Tú también deberías ir al médico porque los humanos también pueden contraer este parasito.

Las lombrices intestinales se alimentan de la comida que digiere tu perro, obteniendo los nutrientes necesarios para él. Es posible que las larvas permanezcan incluso después de que todos los gusanos se hayan eliminado. Las madres las pueden transmitir a sus cachorros, lo que significa que, si tienes una Cane Corso embarazada, deberás hacer que sus cachorros sean revisados periódicamente para asegurarte de que las larvas inactivas no se transmitan. La madre también deberá someterse a las mismas pruebas para asegurarte de que no la enfermen. Además de los síntomas mencionados, tu Cane Corso también puede tener el abdomen inflamado, y podrás verlos en los excrementos o vómitos de su perro.

Las tenias se comen cuando son huevos, usualmente transportados por pulgas o de las heces de otros animales. Se desarrollan en el intestino delgado del canino hasta que son adultos. Con el tiempo, partes de la tenia se desprenderán y se harán evidentes en los desechos de tu perro, que deben

Foto cortesía de
Laura Foxon and Joshua Szukalski

limpiarse cuidadosamente para evitar que otros animales la contraigan. Si bien no son fatales, pueden causar pérdida de peso mientras e inflamarle el abdomen (dependiendo de cuán grandes se vuelvan los gusanos en los intestinos). Tu veterinario puede examinar a tu perro, y te recetará un medicamento que puede ser masticable, en tableta o en polvo. No hay un riesgo de que los humanos contraigan tenias, siendo los niños los que corren mayor riesgo debido a la probabilidad de que jueguen en áreas donde hay desechos de perros y luego no se laven las manos.

Los tricocéfalos crecen en el intestino grueso, y en grandes cantidades, pueden ser fatales. Su nombre es indicativo de su apariencia, por sus colas más delgadas en la punta. Al igual que con los otros gusanos, deberás hacer que tu perro sea examinado para determinar si está enfermo.

Mantener los tratamientos contra pulgas, asegurarte de que las personas recojan los desechos de sus mascotas y vigilar que tu Cane Corso no coma basura o desechos de animales son las mejores medidas preventivas para mantenerlo sano.

Si tu perro tiene anquilostomas o lombrices intestinales, te los podría transmitir a través del contacto con la piel. Si te tratas al mismo tiempo que tu Cane Corso puede detener el ciclo vicioso de intercambio de parásitos.

Las medidas preventivas pueden incluirse con la medicación preventiva para los gusanos del corazón. Habla con tu veterinario sobre las diferentes opciones para evitar que su mascota sufra alguno de estos problemas de salud.

Vacunación

Los calendarios de vacunación son universales para todas las razas de perros, incluidos los Cane Corso. Como recordatorio, en la primera visita al veterinario no se deben administrar vacunas, sino que deben programarse por separado, una vez que tu cachorro se sienta más cómodo en su hogar.

La siguiente lista puede servirte de guía para que tu perro reciba las vacunas necesarias según el calendario:

Edad	Vacuna		
6 a 8 semanas	Bordetella	Leptospira	DHPP - Primera vacuna
	Lyme	Virus de la Influenza-H3N8	Virus de la Influenza-H3N2

10 a 12 semanas	Leptospira\ Lyme	DHPP – Segundo intento Virus de la Influenza-H3N8	Rabia Virus de la Influenza-H3N2
14 a 16 semanas	DHPP – Third shot		
Anualmente	Leptospira Lyme	Bordetella Virus de la Influenza-H3N8	Rabia Virus de la Influenza-H3N2
Cada tres años	DHPP Booster	Rabia (si se opta por la vacunación de mayor duración)	

Estas vacunas protegen a tu perro contra muchas enfermedades. Ten en cuenta que la vacunación también formará parte de las visitas al veterinario. Si deseas obtener más información, lee publicaciones especializadas en caninos, que te darán todos los detalles de por qué es tan importante mantenerse al día con las vacunas.

Alternativas holísticas

Querer mantener a tu perro alejado de tratamientos químicos tiene sentido, y hay muchas buenas razones por las que las personas están cambiando a métodos holísticos. Sin embargo, hacer esto requiere mucha más investigación y monitoreo para asegurar que dichos métodos estén funcionando, y lo más importante, que no sean contraproducentes. Las medicinas holísticas no verificadas pueden ser una pérdida de dinero o, peor aún, pueden ser perjudiciales para tu perro.

Si decides optar por este tipo de medicación, habla antes con tu veterinario sobre tus opciones o busca expertos en Cane Corso para ver qué recomiendan. Lee artículos de divulgación científica acerca de este tema. Existe la posibilidad de que los productos que compras en una tienda sean en realidad mejores que algunos medicamentos holísticos.

Asegúrate de ser minucioso en tu investigación y de no correr riesgos innecesarios con la salud de tu Cane Corso.

CAPÍTULO 17.
Problemas genéticos comunes en el Cane Corso

Todos los perros de raza pura tienen enfermedades genéticas, incluso el Cane Corso. Los buenos criadores ofrecen garantías (Capítulo 3) para que, en caso de que tu cachorro presenta alguna condición genética, puedas devolverlo. Para cumplir con los requisitos de estas garantías, debes conocer los problemas y sus síntomas. Cuanto antes comiences con la prevención, más saludable será tu Cane Corso.

Los criadores, además de cualquier prueba y registro de vacunación, deberían poder proporcionar registros de salud. Asegurarte de que los padres estén sanos aumenta la probabilidad de que tu cachorro se mantenga saludable durante toda su vida. Sin embargo, existe la posibilidad de que padezca uno de estos problemas, incluso si los padres no los presentan, por lo que siempre debes hacerle controles.

Displasia de cadera y codo

La displasia de cadera y codo son dolencias comunes en perros medianos y grandes. La dieta (Capítulo 13) durante su etapa de cachorro puede ayudar a minimizar problemas cuando se convierte en adulto. Ambos tipos de displasia son resultado de malformaciones en las articulaciones de la cadera y las patas que a menudo conducen a la artritis, ya que el ajuste inadecuado daña el cartílago. Esta condición es detectable mediante radiografías, una vez que el perro llega a la edad adulta.

La displasia es un problema que tu Cane Corso puede intentar ocultar porque no querrá reducir el ritmo, pero caminará con un poco más de rigidez, o jadeará incluso cuando no hace calor. La condición por lo general se vuelve más evidente cuando el perro se acerca a sus años dorados: levantarse puede volverse más difícil a medida que envejece.

Aunque la cirugía se considera en casos severos, la mayoría de los perros estarán bien con tratamientos menos invasivos:

- Medicamentos antiinflamatorios: consulta con tu veterinario (no deben tomar dosis grandes a diario, ya que pueden dañar sus riñones)

- Reduce la cantidad de ejercicio de alto impacto, en especial en pisos de madera, baldosas, concreto u otras superficies duras. Es recomendable que lo ejercites en el agua si le gusta.

- Modificadores de líquido articular, como golosinas con glucosamina.

- Fisioterapia (como hidroterapia donde camina en una cinta mientras está en el agua), lo cual deberás discutir con tu veterinario

- Pérdida de peso (si tiene sobrepeso u obesidad)

Dilatación gástrica con vólvulo (GDV) o torsión gástrica

El GDV (*Gastric Dilatation and Volvulus*, por sus siglas en inglés), más comúnmente conocido como torsión gástrica, es una condición que se presenta en razas con cajas torácicas más grandes. Su estómago puede llenarse de gases, causando que se hinche. En los peores casos, el gas puede hacer que el estómago se retuerza, cortando su entrada y salida. Mientras que la etapa de hinchazón no es letal, una vez que el estómago se tuerce, puede matar a tu perro. Esto se debe a que nada puede entrar o salir una vez que se ha torcido.

La prevención es la mejor manera de lidiar con este problema. Aunque se puede realizar una cirugía para evitarlo, este puede no ser el método indicado para el Cane Corso. En cambio, puedes tomar estas medidas:

- Alimentarlo dos o tres veces al día (no solo una comida)
- Añadir comida húmeda a sus croquetas (si lo alimenta con comida comercial)
- Asegurarse de que la comida seca sea rica en calcio porque ayuda a neutralizar los ácidos estomacales

Problemas oculares

Los ojos en forma de almendra del Cane Corso reflejan su intensa curiosidad e interés por el mundo que los rodea, pero también tienen muchos problemas hereditarios. Como con muchos otros perros braquicéfalos, debes revisarlos con regularidad para detectar:

Entropión

El entropión ocurre cuando los párpados del perro se enrollan hacia adentro, dañando la córnea al rasparla con las pestañas. La cirugía correctiva que soluciona este problema puede causar otro trastorno ocular, el ectropión. Esto ocurre cuando el párpado inferior cae y se puede ver el tejido rosado debajo del ojo. Aunque este no es un problema grave, aumenta la probabilidad de infecciones oculares.

Ojo de cereza

«Los Corsos pueden desarrollar lo que se llama 'Ojo de cereza'. No es gran cosa y no le causa mucho dolor, solo se ve antiestético. Se puede realizar un procedimiento médico simple para eliminarlo sin efectos secundarios en su salud».

Sabastian Freitas
Freitas Cane Corsos

La hipertrofia glandular, mejor conocida como ojo de cereza, es causada por la inflamación del tercer párpado. Cuando esto sucede, podrás ver el párpado a medida que se distiende hacia afuera. Se puede tratar fácilmente mediante cirugía.

Demodicosis

Aunque perros y otros animales pueden albergar ácaros del tipo Demodex, incluidos también los humanos, algunos nacen con una propensión hereditaria a desarrollar sarna demodécica debido a ellos. Estos parásitos viven en los folículos pilosos y, en la mayoría de los casos, no provocan síntomas. Sin embargo, en razas como el Cane Corso, los ácaros tienden a causar brotes de sarna. Si el sistema inmunológico de tu perro no logra mantenerlos bajo control, pueden proliferar y causarle mucha incomodidad.

El problema puede aparecer en una zona localizada o, si no se trata, extenderse por todo el cuerpo. La sarna demodécica puede provocar caída de pelo, descamación, y en casos graves, lesiones abiertas.

Para diagnosticarla, los veterinarios suelen realizar un raspado en la piel y analizar muestras de pelo. Dependiendo de la gravedad, pueden recomendar solo observar el caso (algunos se resuelven por sí solos) o aplicar tratamiento médico. Por lo general, la medicación se reserva para cuadros más severos o persistentes.

Infecciones fúngicas del oído

Los oídos de los perros son un lugar oscuro y cálido donde pueden proliferar hongos, levaduras y bacterias. Las alergias pueden ser un factor importante, pero todos los perros corren riesgo de contraer estos tipos de infecciones. Por eso es clave que los oídos de tu perro no se mojen durante el baño, y siempre los revises. Presta atención si presenta algunos de los siguientes síntomas:

- Secreción marrón o con sangre
- Hinchazón y enrojecimiento
- Formación de costras en la piel de la oreja
- Rascarse la oreja o sacudir la cabeza con frecuencia
- Pérdida de audición o equilibrio
- Caminar en círculos

Si nota alguno, llévalo al veterinario, incluso si parecen leves. Hay varios tratamientos disponibles, dependiendo de la gravedad de la condición. Generalmente se recomendará una crema antifúngica, pero problemas más graves (como infección en el oído medio) podrían requerir inyecciones o cirugía.

Si tu perro sufre crónicamente este problema, tu veterinario te recomendará un limpiador de oídos especial para prevenir el problema o una solución que mantenga el área seca.

Errores comunes de dueños primerizos

Además de los problemas genéticos, hay algunas cosas, relacionadas a la dieta y ejercicio, que podrías estar haciendo mal y, sin querer, perjudicando la salud de tu cachorro. Durante los primeros días, lograr un equilibrio puede ser complicado, ya que los cachorros suelen ser muy activos y juguetones. Incluso si tu Cane Corso ya está completamente desarrollado, es importante reducir al máximo el estrés que pueda experimentar.

Asegúrate de que reciba una adecuada y que su nivel de actividad sea acorde a sus necesidades para disminuir el riesgo de agravar problemas como la displasia de cadera o de codo.

Foto cortesía de Brittany Morrison

Ignorar los primeros signos de un problema de salud puede ser perjudicial, e incluso fatal. Si en algún momento notas cambios inusuales en el comportamiento de tu perro, llévalo al veterinario. Dado que el Cane Corso suele ser una raza saludable, cualquier actitud fuera de lo común puede ser una señal de que algo no anda bien y merece atención.

Prevención y monitoreo

Controlar el peso de tu Cane Corso es fundamental, al menos una o dos veces al año, o una vez por trimestre si es posible. Dado que la displasia de cadera y codo un problema genético de esta raza, el exceso de peso solo empeora la situación.

Es probable que el veterinario te mencione si tu perro tiene sobrepeso, ya que esto no solo afecta sus patas, articulaciones y músculos, sino que también puede generar consecuencias negativas en el corazón, la circulación y el sistema respiratorio. Asegúrate de hablar con un profesional si notas algo fuera de lo común. Las visitas regulares ayudan a detectar problemas que quizás no parezcan importantes al principio. A veces, pequeños cambios pueden ser señales tempranas de un problema mayor.

CAPÍTULO 18.
El Cane Corso en la vejez

Los Cane Corsos suelen tener una esperanza de vida de 10 a 12 años. Es posible que comiences a notar signos de envejecimiento entre los 8 y 9 años. Aunque un perro puede mantenerse saludable toda su vida, su cuerpo ya no será capaz de hacer lo mismo a los 8 o 9 años que hacía a los 2. Los cambios necesarios con la edad dependerán de las necesidades específicas de tu Cane Corso. En razas grandes, el envejecimiento puede avanzar más rápido. Aunque los signos estén allí, muchas veces preferimos no verlos. Las primeras señales suelen ser una rigidez leve o que el perro se canse antes de comenzar el paseo. Si observas esto, reduce los trotes, y solo haz caminatas más enérgicas. Es probable que tu Cane Corso quiera continuar cazando, por lo que deberás elegir presas más fáciles o incluirlo en otro tipo de actividades.

A medida que tu perro se ralentiza, será necesario ajustar su rutina. Es importante asegurarse de que no se esfuerce de más, ya que los Cane Corsos pueden estar tan concentrados en mantenerse activos que no se dan cuenta de que están cansados o doloridos y necesitan parar.

Por algo se les llama «los años dorados»: esta etapa también puede ser muy especial. Ya no es necesario preocuparse tanto por el exceso de energía o los destrozos por aburrimiento. Ahora puedes disfrutar con él de tardes y fines de semana relajados, con paseos tranquilos y menos exigentes. Con algunos ajustes simples, esta etapa puede ser muy gratificante tanto para tu Cane Corso como para ti.

Desafíos del cuidado de un perro mayor

En la mayoría de los casos, cuidar a un perro mayor puede ser más sencillo que cuidar a uno joven, y los Cane Corsos no son la excepción.

Algunas adaptaciones que pueden mejorar su calidad de vida incluyen:

- Colocar recipientes de agua en distintos puntos de la casa, para que el perro pueda acceder a ellos fácilmente. Si notas que le cuesta inclinarse para beber o comer, puedes usar platos elevados para facilitarle la tarea.

- Cubrir las superficies duras del suelo (como baldosas, madera o vinilo) con alfombras o tapetes antideslizantes que le den mayor estabilidad y comodidad.

- Añadir cojines o mantas suaves a su cama, para que su descanso sea más confortable y pueda mantenerse abrigado.

- Si tu Cane Corso muestra signos frecuentes de dolor en las articulaciones o músculos, existen calentadores de cama especiales para perros. Eso sí, es importante controlar que no se sobrecalienten, ya que mantener el equilibrio térmico puede ser delicado.

- Para favorecer su circulación, cepilla con mayor frecuencia a tu Cane Corso.

- Mantenlo dentro de casa durante temperaturas extremas, ya sea calor o frío. Aunque es una raza resistente, un perro mayor no tolera los cambios de temperatura tan bien como antes.

- Siempre que sea posible, utiliza escaleras o rampas para que tu Cane Corso no tenga que saltar.

- Evita mover tus muebles, sobre todo si tu perro muestra signos de pérdida de visión o demencia. Un entorno familiar, sin cambios constantes, es más reconfortante y seguro para él. Si tiene dificultades para orientarse, mantener la disposición habitual del hogar lo ayudará a moverse con más confianza.

- Si tu casa tiene escaleras, considera designar un área donde tu perro pueda quedarse sin tener que subir y bajar todo el tiempo.

- Crea un espacio tranquilo donde pueda descansar sin tantas distracciones ni ruidos. No lo aísles, pero sí asegúrate de tenga un lugar donde estar solo si lo necesita.

- También es importante sacarlo más seguido para que pueda hacer sus necesidades con comodidad.

Trastornos físicos comunes relacionados con el envejecimiento

Los capítulos 4 y 16 cubren enfermedades frecuentes en los Cane Corso. Sin embargo, la vejez puede traer consigo una serie de dolencias que no son exclusivas de esta raza. A continuación, se detallan algunas afecciones comunes que deberías controlar (además de consultarlo siempre con tu veterinario).

- La diabetes es probablemente la mayor preocupación para razas como el Cane Corso, en especial porque tienden a tener buen apetito. Incluso con dos horas de ejercicio diario durante la etapa adulta, si no hay un equilibrio entre alimentación actividad, cualquier perro, puede desarrollar esta enfermedad. Por eso Esta es otra razón por la que es tan importante ser cuidadoso con la dieta y los niveles de ejercicio de tu Cane Corso.

- La artritis es probablemente la dolencia más común en cualquier raza de perro, y el Cane Corso no es una excepción. Si muestra signos de rigidez y dolor después de actividades normales, habla con tu veterinario sobre formas seguras de ayudar a minimizar la incomodidad de esta dolencia articular.

- La enfermedad de las encías es un problema común en perros mayores, por eso debes ser constante con el cepillado de sus dientes a toda edad. Un control regular puede ayudar a garantizar que esto no se convierta en un problema.

- La pérdida de visión o ceguera es relativamente común en perros mayores, al igual que en los humanos. Revisa sus ojos al menos una vez al año y con mayor frecuencia si su vista está fallando.

- La enfermedad renal es un problema común en perros mayores, y uno que debes monitorear a medida que tu Cane Corso envejece. Si tu perro está bebiendo con más frecuencia y tiene accidentes bastante seguido, llévalo al veterinario lo antes posible.

Escalones, rampas y sillas de ruedas

Para llevar a tu Cane Corso escaleras arriba o ponerlo en el coche, no deberías levantarlo. Los escalones y las rampas son la mejor manera de garantizar cierto nivel de autosuficiencia a medida que envejece. Además, su uso proporciona un poco de ejercicio adicional.

Visitas al veterinario

A medida que tu Cane Corso envejece, notarás que está más lento y adolorido, al igual que una persona mayor. Debes llevarlo con regularidad al veterinario para asegurarte de que estás haciendo lo mejor posible por su salud. Si tu perro tiene una dolencia o condición debilitante, deberás discutir las opciones para garantizarle una mejor calidad de vida.

La importancia de las visitas regulares al veterinario

Así como los humanos visitan al médico con mayor frecuencia a medida que envejecen, también lo hará tu perro. El veterinario puede asegurarse de que tu Cane Corso se mantenga activo sin excederse, y que no sufra estrés innecesario. Si ha sufrido una lesión y se las arregló para ocultártela, es probable que tu veterinario la detecte.

También te hará recomendaciones sobre actividades y cambios en tu horario basados en las capacidades físicas de tu Cane Corso y cualquier cambio en la personalidad. Por ejemplo, si notas que ahora se cansa más, podría ser un signo de dolor por rigidez. Esto podría ser difícil de distinguir, pero si ves otros síntomas, programa una visita con el veterinario. Él podrá ayudarte a determinar la mejor manera de mantenerlo feliz y activo durante los últimos años.

Qué esperar en estas visitas

- Tu veterinario va a hablar sobre el historial de tu perro, incluso si lo ha visitado cada año. Esta conversación es necesaria para ver cómo ha ido evolucionando o si han comenzado a aparecer algunos problemas o si han empeorado.

- Mientras conversan, le realizará un examen físico completo para evaluar su salud.

- Dependiendo de la edad y el estado de salud de tu perro, puede realizar diferentes pruebas. Las siguientes son algunas de las más comunes:

  - Prueba de enfermedades transmitidas por artrópodos, que implica extraer sangre y analizarla para detectar infecciones virales.

  - Análisis químico para evaluación renal, hepática y de azúcar.

  - Hemograma completo.

  - Flotación fecal, que implica mezclar las heces de su perro con un líquido especial para detectar lombrices y otros parásitos.

  - Prueba de gusano del corazón.

  - Análisis de orina, para verificar la salud de los riñones y el sistema urinario.

- El control de rutina que siempre suele realizarle.

- Cualquier prueba específica de la raza.

Cambios a los que estar atento

Presta atención a los diferentes signos de que su perro está ralentizándose. Esto te ayudará a saber cuándo hacer cambios en horarios y rutinas y reducir la actividad física.

Apetito y requisitos nutricionales

Al reducir su ejercicio, tu perro necesitará menos calorías, lo que significa que debes ajustar su dieta. Si optas por alimentarlo con comida comercial, asegúrate de cambiarla por una para perros senior, ya que tiene menos calorías y más nutrientes.

Si, en cambio, se la preparas tú, habla con tu veterinario e investiga la mejor manera de reducir las calorías sin sacrificar el sabor. Su canino va a necesitar menos grasa, así que deberás encontrar una comida más saludable pero con un sabor que llame su atención.

Ejercicio

Dado que los Cane Corsos son muy sociables, estarán felices con la atención extra que puedas darle. Deberás realizar algunos cambios según su capacidad, por lo que depende de ti ajustar el horario y mantenerlo activo. Paseos más cortos y frecuentes deberían satisfacer sus necesidades físicas, además de ayudar a dividir un poco más su día.

Tu perro disfrutará de la siesta tanto como de caminar, y más aún si puede acurrucarse contigo. Dormir a tu lado mientras miras televisión o duermes una siesta, y algo de ejercicio, es todo lo que necesita para ser feliz.

La forma en que tu Cane Corso empieza a moverse más lento probablemente será la parte más difícil de verlo envejecer. Es posible que notes que durante los paseos pasa más tiempo olfateando; esto podría indicar que su perro se está cansando. También puede ser su manera de mostrar que los paseos largos quedaron atrás, y que ahora prefiere detenerse a disfrutar más de los pequeños momentos. Incluso con recorridos más cortos, puede seguir sintiendo la misma emoción de antes.

Si bien debes estar atento a si tu perro se cansa, él también puede darte señales. Si camina más despacio, lo observas y lo ves tropezar, puede estar mostrando que las caminatas largas ya no son para él. En ese caso, prueba con hacer salidas más cortas y frecuentes, y permítele pasar más tiempo jugando en el jardín o en casa.

El envejecimiento y los sentidos

Al igual que en las personas, los sentidos de los perros se debilitan a medida que envejecen y, en razas grandes, tienden a deteriorarse rápido. No oirán tan bien como solían hacerlo; no verán las cosas con tanta claridad; y su sentido del olfato no será el mismo.

A continuación, se detallan algunos signos de que tu perro está perdiendo al menos uno de sus sentidos.

- Se asusta o sobresalta con facilidad: debes tener cuidado porque esto puede volverlo agresivo, por eso, nunca te acerques a él sigilosamente.

- Puede parecer que te ignora porque es menos receptivo cuando le das una orden. Si no has tenido un problema antes, es probable que esté perdiendo la audición.

- Los ojos nublados pueden ser un signo de pérdida de visión, aunque no significa que esté totalmente ciego.

Si parece estar «comportándose mal», es una señal de que está envejeciendo. No lo castigues.

Ajusta tu horario para satisfacer las capacidades cambiantes de tu perro. Ajusta la altura de los recipientes de agua y comida, evita reorganizar las habitaciones y mímalo lo más que puedas. Seguro esté triste por perder sus capacidades, por lo que depende de ti consolarlo.

Mantener a tu perro senior mentalmente activo

El hecho de que tu Cane Corso no pueda caminar tan lejos no significa que no esté igual de concentrado y capaz. A medida que se ralentiza físicamente, concéntrate en actividades que sean mentalmente estimulantes. Siempre que tenga dominados todos los conceptos básicos, puedes enseñarle trucos de bajo impacto. En este punto, el entrenamiento podría ser más fácil porque ha aprendido a concentrarse mejor y estará feliz de tener algo que todavía pueden hacer juntos.

Los juguetes nuevos son otra excelente manera de mantener activa la mente de tu perro. Ten cuidado de que los juguetes no sean demasiado duros para su mandíbula y dientes. El tira y afloja quedó en el pasado, ya que podría lastimarse, pero otros juegos como el escondite seguirán siendo adecuados. También hay pelotas de comida, rompecabezas y otros juegos que se centran en las habilidades cognitivas.

Algunos perros mayores sufren del síndrome de disfunción cognitiva canina (CCD, *Canine Cognitive Dysfunction*, por sus siglas en inglés), un tipo de demencia. Se estima que el 85% de todos los casos de demencia en perros no se diagnostican debido a lo difícil que es identificar el problema. Se manifiesta más como un problema de temperamento.

Si tu perro comienza a actuar de manera diferente, debes llevarlo al veterinario para ver si padece de esta condición. Si bien realmente no hay ningún tratamiento, tu veterinario puede darte algunos consejos. Se desaconseja hacer cosas como reorganizar las habitaciones de tu hogar, ya que la familiaridad con su entorno ayudará a que se sienta más cómodo y reducirá el estrés a medida que pierde sus capacidades cognitivas. Más allá de que la estimulación mental ayudará a combatir el CCD, siempre debes mantenerlo activo.

Ventajas de los años senior

Los últimos años de la vida de tu perro pueden ser tan agradables (si no más) como las etapas anteriores. Todas esas actividades de alta energía darán paso a caricias y relajación. Que simplemente disfrute de tu compañía puede ser muy agradable (solo recuerda mantener sus niveles de actividad).

Tu Cane Corso seguirá siendo un compañero amoroso y atento, eso no cambia con la edad; pero sus limitaciones deben dictar las interacciones y actividades. Si estás ocupado, trata de programar tiempo con él para hacer cosas que estén dentro de esas limitaciones. Es tan fácil hacerlo feliz como cuando era cachorro.

Prepararse para decir adiós

Esto es algo en lo que nadie quiere pensar, pero a medida que ves a tu Cane Corso envejecer, sabrás que sus momentos juntos están llegando a su fin. La mayoría de los perros de trabajo tienden a deteriorarse repentinamente, haciendo muy obvio cuando necesitan un cuidado adicional. Tienen problemas al caminar sobre superficies planas o no pueden caminar tan lejos como antes. Es triste, pero cuando esto comienza a suceder, debes saber que es hora de preparase para decir adiós.

Algunos pueden continuar viviendo durante años, pero la mayoría de los perros de trabajo no duran más de uno o dos años. A veces, perderán el interés en comer, tendrán un derrame cerebral u otro problema repentino. Eventualmente, será el momento de decir adiós, ya sea en casa o en el veterinario. Debes estar preparado, y es exactamente por eso que debes aprovechar al máximo estos últimos años.

Habla con tu familia sobre cómo lo cuidarán durante sus últimos años o meses de su vida. Muchos perros estarán felices, a pesar de sus capacidades limitadas. Algunos pueden comenzar a tener problemas para controlar sus movimientos intestinales, mientras que otros pueden tener problemas para levantarse de una posición prona. Hay soluciones para todos estos problemas. Es clave recordar que la calidad de vida debe ser lo principal, y dado que tu perro no puede decirte cómo se siente, tendrás que estar atento a sus señales. Si aun parece feliz, no hay razón para sacrificarlo. En esta etapa, probablemente esté a gusto durmiendo cerca de ti durante 18 horas al día. Eso está bien siempre que todavía se emocione por caminar, comer y recibir caricias. El propósito de la eutanasia es reducir su sufrimiento, no hacerte las cosas más fáciles. Esto es lo que hace que la decisión sea tan difícil, pero el comportamiento de tu perro debería ser un indicador claro de cómo se siente. A continuación, encontrarás algunas cosas importantes en las que debes fijarte:

- Apetito
- Consumo de agua
- Micción y defecación
- Dolor (jadeo excesivo)
- Niveles de estrés
- Deseo de estar activo o con la familia (si quiere estar solo la mayor parte del tiempo, eso generalmente es una señal de que está tratando de estar solo para el final)

Habla con tu veterinario si tiene una enfermedad grave para determinar cuál es la mejor opción. Pueden proporcionarte toda la información necesaria sobre su calidad de vida y cuánto tiempo es probable que viva con dicha enfermedad o dolencia.

Si notas que tu Cane Corso ya no está feliz, no puede moverse o tiene una enfermedad fatal, probablemente sea hora de decir adiós. Esta es una decisión que debe tomarse en familia, siempre poniendo las necesidades y la calidad de vida del perro en primer lugar. Si decides que es momento de despedirse, determina quién estará presente junto a él.

Una vez en el consultorio, puedes hacer que sus últimos minutos sean muy felices dándole cosas que no podía comer, como el chocolate y las uvas; lo pueden hacer feliz durante el tiempo que le queda.

Por otro lado, también puedes hacer que tu perro sea sacrificado en casa. Debes determinar en qué ambiente o habitación, ya sea dentro o fuera. Recuerda que para este tipo de prácticas a domicilio se te cobrarán cargos adicionales.

Asegúrate de que al menos una persona esté presente para que tu perro no esté solo durante los últimos minutos de su vida. El proceso es bastante pacífico, pero probablemente estará un poco estresado. Fallecerá dentro de los pocos minutos posteriores a la inyección. Continúa hablándole, ya que su cerebro seguirá funcionando incluso después de que sus ojos se cierren.

Una vez que tu perro haya partido, debes decidir qué hacer con su cuerpo.

- La cremación es una de las formas más comunes de conservar sus restos. Puedes solicitar una urna o un contenedor especial para esparcir sus cenizas en sus lugares favoritos. Asegúrate de que esté permitido hacerlo. La cremación privada suele ser más costosa, pero tiene la ventaja de que solo recibirás las cenizas de tu perro. En la cremación comunitaria, varias mascotas son cremadas al mismo tiempo.

- El entierro puede ser la opción más sencilla si tu mascota fue sacrificada en casa, pero es importante verificar las regulaciones locales para asegurarte de que está permitido enterrarlo en tu propiedad, ya que en algunos lugares es ilegal. También debes considerar el tipo de suelo: si tu jardín es muy rocoso o arenoso, podría dificultar el entierro. Además, no entierres a tu perro cerca de pozos que se usen como fuente de agua potable, ni en zonas cercanas a humedales o ríos, ya que su cuerpo podría contaminar el agua al descomponerse. Otra opción es buscar un cementerio para mascotas, si hay alguno en tu zona.

Duelo y sanación

Los perros se convierten en miembros de nuestras familias, por lo que su fallecimiento puede ser muy difícil. Las personas pasan por todas las mismas emociones y sentimientos de pérdida con un perro que con amigos cercanos y familiares. Su ausencia es desconcertante, en especial con un perro tan amoroso y leal como el Cane Corso. Tu hogar se convierte en un recordatorio constante de la pérdida, y es normal que tú y tu familia sientan un gran vacío al principio. Decir adiós nunca es fácil. Tomarse unos días libres del trabajo puede ayudarte a procesar la perdida. Habrá personas que no entiendan tu dolor y digan que «solo era un perro», pero sabes lo que significa para ti. Está bien sentir tristeza y llorar por él, como lo harías por cualquier ser querido.

La ausencia de tu Cane Corso también impactará en tu rutina diaria. Probablemente tomará un tiempo acostumbrarse a la forma en que tu horario ha cambiado. Intenta no apurarte en buscar otro perro porque es probable que aún no estés listo.

Cada persona vive el duelo de manera distinta. Permítete sentir la perdida como lo necesites, y respeta que los demás también lo harán a su manera. Algunos superan el dolor en poco tiempo, mientras que otros lo sienten durante meses. No hay un tiempo «correcto» para sanar, así que no te impongas ni se lo impongas a tu familia.

Hable con los demás sobre cómo te gustaría recordar a tu perro, y escúchalos también. Puedes hacer un pequeño homenaje, como un memorial, contar historias o plantar un árbol en su honor. Y si alguien no quiere participar, también está bien.

Si tienes otras mascotas, trata de volver a tu rutina habitual lo antes posible. Aunque parezca difícil, mantener esa normalidad podrá ayudarte a ti y a ellas, sobre todo si también están atravesando la pérdida de un compañero.

Si sientes que el dolor te impide seguir con tu vida cotidiana, busca ayuda profesional. Además, puedes encontrar grupos de apoyo en tu zona o en línea, especialmente si este fuera tu primer perro. A veces, hablar sobre la pérdida es el primer paso para comenzar a sanar.

www.ingramcontent.com/pod-product-compliance
Lightning Source LLC
Chambersburg PA
CBHW071255130626
46556CB00003B/1329